Esra Yeşiltaş
von
GRUENSTEIN KITCHEN

DAS Party-KOCHBUCH

Esra Yeşiltaş
von

DAS Party-KOCHBUCH

Fingerfood, Buffet, Candy Bar,
Brunch, BBQ und mehr für das perfekte Fest

riva

Kitchen

INHALT

VORWORT

Hallo du schöne Seele,

wie schön, dass du mein erstes Rezeptbuch in deiner Hand hältst und durchstöberst. Vielleicht hast du bereits eins meiner Rezepte zubereitet. Moment mal, ich habe mich noch gar nicht vorgestellt. Doch vielleicht kennst du mich schon aus den sozialen Medien.

Dann fang ich mal an: Mein Name ist Esra, und ich bin 25 Jahre alt. Wie man unschwer erkennen kann, gehören das Kochen und Backen zu meiner Leidenschaft. Das Essen verbindet Menschen, wie ich finde. So fühle ich mich glücklich, seit fast sechs Jahren mit meinen Rezepten auf diversen Social-Media-Plattformen viele Menschen zu inspirieren.

Du findest mich unter dem Namen GRUENSTEINKITCHEN auf Instagram, auf meinem Blog sowie auf YouTube.

GRUENSTEINKITCHEN hat für mich eine besondere Bedeutung: Mein Nachname kommt aus dem Türkischen und heißt Y E Ş I L T A Ş – übersetzt steht yeşil für GRÜN und taş für STEIN.

Wie oben geschrieben, finde ich, dass das Essen auf eine wunderschöne Art Menschen verbindet, es bringt die Liebsten täglich am Esstisch zusammen. So fing auch meine Leidenschaft für die Küche an. Ich erinnere mich sehr gerne an die gemeinsamen Tage meiner Kindheit mit meiner Familie in der Küche. Egal, wie viel jede/r Einzelne im Alltag zu tun hatte, trafen sich alle gemeinsam zumindest einmal am Tag am Esstisch und kochten und genossen das Essen bzw. auch das Miteinander. Denn wie La Rochefoucauld im 17. Jahrhundert schon sagte, ist das Essen ein Bedürfnis aller, doch das Genießen eine Kunst.

Einen besonderen Dank möchte ich an erster Stelle an meine liebste Community richten, die mich seit Jahren dazu animiert, ein eigenes Rezeptbuch zu schreiben.

Ich bekomme oft die Frage gestellt, ob ich lieber koche oder backe. Ich muss ehrlich sagen, dass ich darauf nicht einfach antworten kann. Ich backe unheimlich gerne und liebe es, Zutaten nach Gefühl zu kombinieren und dabei meiner Kreativität freien Lauf zu lassen. Beim Backen entdecke ich jedes Mal neue Zutaten, die sehr gut kombiniert werden können, und so entstehen auch die meisten meiner Rezepte. Die wichtigste Zutat ist hierbei immer eins: die LIEBE!

Denn egal, was man macht, sobald man seine Liebe dazugibt, kann es nur gut werden.

Kommen wir zum Thema Kochen:

Hierbei begann alles mit einem Kochlöffel. Schon als Kind half ich gerne meiner Mutter in der Küche und beobachtete sie währenddessen. Ich durfte den Suppenlöffel in die Hand nehmen und die Suppe verrühren, das Gemüse klein schneiden und nebenbei den Tisch decken.

Mit der Zeit wollte ich meiner Mama immer mehr helfen und dabei entstanden neben den großartigen Gerichten auch mal süße Naschereien wie Kekse, Gebäcke und Desserts.

Auch durfte ich damals mich allein in der Küche austoben und dabei rumexperimentieren. Mein erstes Rezept entstand mit elf Jahren inspiriert durch eine Backmischung, das ich selbst zusammenstellte: mein beliebter Schokinokuchen, der noch heute zu eines meiner Lieblingsrezepte gehört. Das Rezept dazu findet ihr selbstverständlich in diesem Buch (auf S. 134).

Die Köstlichkeiten aus der türkischen Küche habe ich meiner Mutter zu verdanken. In der Zeit, in der ich meine Mutter beim Kochen beobachtete, hatte ich intuitiv viel mitgenommen. Ohne viel nachzufragen, konnte ich zum Beispiel den klassischen türkischen Reis sowie Eintöpfe aller Art und vieles mehr selbst zubereiten, die in der Tat wie die von meiner Mutter schmeckten. Das Talent kommt von ihr. An dieser Stelle möchte ich auch ihr, meiner herzallerliebsten Mutter, danken.

Auf einer Feier, in der viele Menschen zusammenkommen, findet man oft sowohl Herzhaftes als auch Süßes. Daran anlehnend verbinde ich mit meinem Buch auch beides als perfekte Kombination für jeden Anlass. So ist der Titel »Das Party-Kochbuch« entstanden.

Hier findest du alles von süßen Desserts bis hin zu herzhaften Salaten, von 5-Minuten-Desserts und einfacheren Rezepten zu aufwendigeren Torten. Hier wird jeder fündig – versprochen!

Die meisten wissen sicherlich, dass ich sehr gerne Torten backe und für besondere Anlässe selbst Candy Bars zusammenstelle, und genau das möchte ich dir auch ermöglichen. Mit diesem Buch kannst du die nächste Party mit einer besonderen und vor allem spektakulären Candy Bar zu einem unvergesslichen Tag machen.

Auch eignen sich diese Köstlichkeiten für deinen nächsten Besuch von deinen Liebsten.

Jetzt wünsche ich Dir viel Spaß beim Backen, Kochen und natürlich Genießen. Denn »Essen ist ein Bedürfnis, Genießen ist eine Kunst«[1].

Deine Esra von gruensteinKitchen

Ich freue mich immer wieder über deine nachgemachten Rezeptfotos!

Du findest mich in folgenden sozialen Medien:

https://instagram.com

https://m-vg.de/link/party-16

https://youtube.com

https://m-vg.de/link/party-17

1 Zitat von François VI. Duc de La Rochefoucauld.

HILFREICHE TIPPS UND UMRECHNUNGSTABELLE

MASSANGABEN

kg = Kilogramm
EL = Esslöffel

l = Liter
Pck. = Packung/Päckchen

g = Gramm
TL = Teelöffel

ml = Milliliter

TIPPS VOR DEM START

Bevor es mit den Rezepten losgeht, möchte ich dir zuerst einige Tipps geben.

- Generell sollten Eier beim Backen immer Zimmertemperatur haben, außer, es steht explizit im Rezept, dass du kalte Eier nehmen sollst.
- Die verwendeten Eier haben die Größe M.
- Schlagsahne, Mascarpone, Quark, Schmand etc. sollten immer kalt sein, wenn man sie für eine Creme benötigt, die man aufschlägt. Das ist sehr wichtig beim Steifschlagen der Zutaten, andernfalls kann ein unschönes Ergebnis dabei herauskommen.
- Wenn du die Zutaten für die Torten- oder Cupcake-Cremes steif schlagt, solltest du die ganze Zeit dabei sein, denn die enthaltene Sahne kann schnell gerinnen. Sobald die Masse schön steif geworden ist, sofort aufhören zu schlagen.
- Umgekehrt gilt auch: Nicht zu kurz schlagen! Bevor die Sahne nicht eine feste Konsistenz erreicht hat, wird sie nicht steif.
- Beim Backen sollten alle Zutaten möglichst dieselbe Temperatur (Zimmertemperatur) haben, so verbinden sich die Zutaten besser.
- Das Bisherige sind grundsätzliche Regeln, Abweichungen davon sind in den Rezepten erwähnt.
- Ich verwende beim Backen sehr gerne Vanille, oft als Vanilleextrakt. Er verleiht den Rezepten einen intensiven Geschmack. Falls du keinen Vanilleextrakt zu Hause hast, kannst du natürlich auch Vanillezucker oder Vanillepaste verwenden.
- Hierbei kannst du dich an diese Mengenangabe halten: 1 TL Vanilleextrakt = 1 TL Vanillepaste = 1 Pck. Vanillezucker.
- Um zu prüfen, ob der Kuchen/das Gebäck gar ist, kannst du gerne eine Stäbchenprobe durchführen. Dafür nach Ende der Backzeit ein Holzstäbchen in den Kuchen/das Gebäck stechen. Wenn beim Herausziehen kein Teig daran kleben bleibt, ist das Gebäck fertig. Ansonsten einige Minuten weiterbacken.
- Die One-Pot-Gerichte kann man im Backofen bei 60 °C lange warmhalten, ohne dass die Temperatur Einfluss auf das Gericht nimmt.

UMRECHNUNGSTABELLE

Im Folgenden habe ich für meine Rezepte eine Umrechnungstabelle erstellt. Ich habe so gut wie jede Springformgröße zu Hause und verwende sie abwechselnd bei den Rezepten. Wenn du nur eine Größe parat hast oder beispielsweise eine kleine oder größere Menge zubereiten möchtest, wird diese Tabelle dir weiterhelfen.

Du musst dann einfach die Mengenangaben im Rezept mit dem angegebenen Umrechnungsfaktor multiplizieren.

Springformgröße laut Rezept [Ø]	gewünschte Springformgröße [Ø]	Umrechnungsfaktor
18 cm	20 cm	1,2
	22 cm	1,5
	24 cm	1,8
	26 cm	2,1
	28 cm	2,4
	30 cm	2,8
	32 cm	3,2
20 cm	18 cm	0,8
	22 cm	1,2
	24 cm	1,5
	26 cm	1,7
	28 cm	2,0
	30 cm	2,3
	32 cm	2,6
22 cm	18 cm	0,7
	20 cm	0,8
	24 cm	1,2
	26 cm	1,4
	28 cm	1,6
	30 cm	1,9
	32 cm	2,1

Springformgröße laut Rezept [Ø]	gewünschte Springformgröße [Ø]	Umrechnungsfaktor
24 cm	18 cm	0,6
	20 cm	0,7
	22 cm	0,8
	26 cm	1,2
	28 cm	1,4
	30 cm	1,6
	32 cm	1,8
26 cm	18 cm	0,5
	20 cm	0,6
	22 cm	0,7
	24 cm	0,9
	28 cm	1,2
	30 cm	1,3
	32 cm	1,5
28 cm	18 cm	0,4
	20 cm	0,5
	22 cm	0,6
	24 cm	0,7
	26 cm	0,9
	30 cm	1,2
	32 cm	1,3
30 cm	18 cm	0,4
	20 cm	0,5
	22 cm	0,6
	24 cm	0,7
	26 cm	0,8
	28 cm	0,9
	32 cm	1,1
32 cm	18 cm	0,3
	20 cm	0,4
	22 cm	0,5
	24 cm	0,6
	26 cm	0,7
	28 cm	0,8
	30 cm	0,9

- Beim Umrechnen kommen natürlich auch ungerade Zahlen heraus, die kannst du auf- oder abrunden.
- Bei Eiern solltest du am besten auf die höhere Zahl aufrunden. Falls bei einem Rezept beispielweise 4½ Eier herauskommen, brauchst du 5 ganze Eier. Davon verquirlst du 1 Ei separat und nimmst dann die Hälfte.
- Generell kannst du dir merken: Bei geringen Durchmesserunterschieden wie zum Beispiel Ø 24 oder 26 cm, kannst du die Mengen auch so belassen. Du kannst also ein Rezept für eine Springform mit Ø 26 cm für eine Form mit Ø 24 cm verwenden. In dem Fall wird der Kuchen etwas höher, und die Backzeit kann sich um einige Minuten verlängern.
- Wenn du Rezepte umrechnest, vor allem für eine größere Form, kann die angegebene Backzeit etwas variieren, deshalb ist dabei die Stäbchenprobe besonders wichtig.

WIE VIELE STÜCKE ERGIBT DIE BACKFORM?

Damit an der Kuchentafel niemand leer ausgehen muss, habe ich dir eine Tabelle mit der Anzahl der Kuchen- bzw. Tortenstücke für die jeweiligen Durchmesser zusammengestellt.

18 cm	8 Stücke
20 cm	10 Stücke
22 cm	12 Stücke
24 cm	14 Stücke
26 cm	16 Stücke
28 cm	18 Stücke
30 cm	20 Stücke

WIE IST DAS PERFEKTE BUFFET AUFGEBAUT?

Damit dein Fest kulinarisch gelingt, hier ein paar Hinweise, wie dein Buffet am besten aussehen sollte:

2–3 Vorspeisen, zum Beispiel Dips, die man mit Brot servieren kann.

1–2 Fingerfoods, etwa Bruschetta, Wraps, Pizzaschnecken oder Poğaças.

2–3 Salate, am besten mit verschiedenen Hauptzutaten wie zum Beispiel Cremiger Nudelsalat, Würziger Kartoffelsalat oder Kisir.

2–4 Hauptspeisen, je nachdem, wie groß das Buffet sein soll. Neben einem Gericht mit Fleisch wäre als zweite Variante eine vegetarische Speise perfekt. Entscheidest du dich für weitere Hauptspeisen, kann ich dir noch je eine mit Hähnchen und Fisch ans Herz legen, so ist für jeden etwas dabei.

2–3 Desserts. Als süße Köstlichkeiten suche ich gerne verschiedene Desserts in unterschiedlichen Geschmacksrichtungen aus, zum Beispiel Desserts im Glas, Cupcakes und Kuchen.

DIE RICHTIGEN MENGEN FÜR DAS PARTYBUFFET

Die Salatrezepte habe ich für 4–5 Portionen angelegt, diese Portionen sind als Hauptspeisen gedacht.

Sofern du daneben noch weitere 1–2 Beilagen anbietest, reicht die angegebene Rezeptmenge für ca. 12 Portionen.

Gibt es daneben 3–4 weitere Beilagen, würde das Rezept ca. 16 Portionen liefern.

Wenn das Buffet für nur 5–6 Personen gedacht ist, kannst du die Mengenangaben im Rezept halbieren.

TÜRKISCHE TEEPARTY (BEŞ ÇAYI)

Poğaça (gefüllte Teigtaschen)

ERGIBT: CA. 30 STÜCK • ZUBEREITUNG: CA. 40 MINUTEN • GEHZEIT: 1 STUNDE 10 MINUTEN • KOCHZEIT: 15–20 MINUTEN • BACKZEIT: 12–15 MINUTEN PRO BLECH

ZUTATEN

HEFETEIG:

- 1 kg Weizenmehl
- 250 ml lauwarme Milch
- 250 ml Öl
- 250 g Speise- oder Magerquark
- 2 Eiweiße
- 1 Würfel frische Hefe oder 2 Pck. Trockenhefe
- 1 Pck. Backpulver
- 2 TL Salz
- 3 TL Zucker

KÄSEFÜLLUNG:

- 500 g Feta oder Schafskäse
- 1 Handvoll Petersilie

KARTOFFELFÜLLUNG:

- 500 g mehligkochende Kartoffeln
- 1 kleines Bund Petersilie
- 4 EL Olivenöl
- 2 TL Paprikaflocken
- 1 TL Salz
- ½ TL Pfeffer

1. Aus den Zutaten für den Hefeteig in der Küchenmaschine einen geschmeidigen und weichen Hefeteig kneten.
2. Den Teig mit einem feuchten Küchentuch abdecken und 60 Minuten an einem warmen Ort gehen lassen.
3. Jede Füllung ist für ca. 30 Poğaças ausreichend, wenn du 2 Füllungen zubereiten möchtest, dann jeweils nur die Hälfte vorsehen.
4. Für die Käsefüllung zuerst den Käse in eine Schüssel zerbröseln. Petersilie waschen, fein hacken und dann mit dem Käse vermischen.
5. Für die Kartoffelfüllung die Kartoffeln schälen und mit reichlich Wasser in einem Topf in 15–20 Minuten gar kochen. Das Wasser abgießen, die Kartoffeln etwas auskühlen lassen und dann mit einem Kartoffelstampfer oder mit einer Gabel zerdrücken. Petersilie waschen, fein hacken und zu den Kartoffeln geben. Die restlichen Zutaten ebenfalls zufügen und alles gut vermischen.
6. Für die Hackfleischfüllung Olivenöl und Butter in einer Pfanne auf höchster Hitze erhitzen, Hackfleisch darin krümelig anbraten. Zwiebeln schälen, klein würfeln und ca. 2 Minuten mitbraten. Petersilie waschen, fein hacken und in die Pfanne geben. Mischung mit Paprikaflocken, Salz und Pfeffer abschmecken.

HACKFLEISCH:
2 EL Olivenöl
1 EL Butter
500 g Hackfleisch
2 Zwiebeln
1 Handvoll Petersilie
1 TL Paprikaflocken
1 ½ TL Salz
1 TL Pfeffer

AUSSERDEM:
Öl für die Arbeitsfläche
2 Eigelb + 1 EL Milch
Sesam, Schwarzkümmel

7. Aus dem Teig ca. 30 Kugeln formen. Die Kugeln auf einer leicht eingeölten Arbeitsfläche mit den Händen etwas flach drücken. Jeweils etwa 1 EL von der Füllung in die Mitte geben, den Teig darüber verschließen und nach Wunsch formen. z. B. zu Hörnchen oder Bällchen.

8. Teigtaschen auf 2–3 mit Backpapier ausgelegte Backbleche legen und zugedeckt weitere 10 Minuten gehen lassen.

9. Backofen auf 220 °C Ober-/Unterhitze (200 °C Umluft) vorheizen.

10. Eigelbe in einer Tasse mit der Milch verquirlen und die Teiglinge damit bestreichen. Nach Belieben mit Sesam und Schwarzkümmel bestreuen und dann im Ofen pro Blech 12–15 Minuten backen, bis sie schön goldbraun sind.

11. Nach dem Backen die Poğaças auf dem Backblech sofort mit einem sauberen Küchentuch abdecken, so werden sie nämlich weicher.

Tipp:

Du kannst statt Weizenmehl auch Dinkelmehl Typ 630 wählen. Sofern du sie nicht gleich verwendest, die Teigtaschen nach dem Backen erkalten lassen und dann luftdichtverpackt für einige Wochen einfrieren.

San-Sebastian-Cheesecake

ERGIBT: 1 SPRINGFORM (24 CM Ø) • ZUBEREITUNG: CA. 15 MINUTEN • BACKZEIT: CA. 35 MINUTEN • KÜHLZEIT: CA. 5 STUNDEN

ZUTATEN

350 g Doppelrahmfrischkäse
500 g Mascarpone
250 g Zucker
1–2 EL Vanilleextrakt
40 g Speisestärke
6 Eier
550 ml Schlagsahne
1 Spritzer Zitronensaft

AUSSERDEM:
Butter für die Form
ca. 250 g Kuvertüre
(Sorte nach Belieben)

Tipp:

Die Zutaten müssen alle Zimmertemperatur aufweisen, denn so verbinden sie sich am besten.

https://m-vg.de/link/party-01

1. Den Backofen auf 250 °C Ober-/Unterhitze (230 °C Umluft) vorheizen.
2. In einer Schüssel Frischkäse, Mascarpone, Zucker und Vanilleextrakt mit dem Handrührgerät kurz verrühren, bis sich die Zutaten verbunden haben, Speisestärke zugeben und mit dem Handrührgerät kurz einrühren. Nun die Eier nacheinander einarbeiten. Zum Schluss Schlagsahne und Zitronensaft untermischen.
3. Eine Springform mit Auslaufschutz mit einem Backpapier auslegen und die Ränder mit etwas Butter einfetten. Ein weiteres Stück Backpapier zurechtschneiden und am Rand der Form befestigen, sodass ein hoher Rand entsteht.
4. Nun die Masse in die Form füllen und im Backofen ca. 35 Minuten backen. Die Oberseite sollte verbrannt aussehen, das ist ganz normal.
5. Den Kuchen bei Zimmertemperatur ca. 1 Stunde auskühlen lassen und dann ca. 4 Stunden oder über Nacht in den Kühlschrank stellen.
6. Den Kuchen in Stücke schneiden und diese mit der Schnittfläche nach unten auf Teller legen. Kuvertüre hacken, in einem Topf schmelzen, auf die Kuchenstücke gießen und dann sofort servieren. Jetzt kannst du den mittleren sowie unteren Teil mit einem Löffel naschen.

Knusprige Börekwürfel mit Kartoffelfüllung

ERGIBT: CA. 30 STÜCK • ZUBEREITUNG: CA. 30 MINUTEN • KOCHZEIT: 15–20 MINUTEN • BACKZEIT: 20–25 MINUTEN

ZUTATEN

6 Blätter Yufkateig (1 kg)

SOSSE:
3 Eier
200 g Naturjoghurt
100 ml Öl

KARTOFFELFÜLLUNG:
300 g mehligkochende Kartoffeln
1 Handvoll Petersilie
2 EL Olivenöl
1 TL Paprikaflocken
½ TL Salz
¼ TL Pfeffer

AUSSERDEM:
Schwarzkümmel, Sesam

1. Alle Zutaten für die Soße in einer Schüssel gut miteinander verrühren.
2. Für die Füllung Kartoffeln schälen und in einem Topf mit reichlich Wasser in 15–20 Minuten gar kochen. Wasser abgießen, die Kartoffeln etwas auskühlen lassen und dann mit einem Kartoffelstampfer oder einer Gabel zerdrücken.
3. Petersilie waschen, fein hacken und mit den anderen Zutaten mit den Kartoffeln vermischen.
4. 1 Yufkablatt auf eine Arbeitsplatte legen, gleichmäßig mit der Soße bestreichen, 1 weiteres Yufkablatt darüberlegen, erneut mit der Soße bestreichen. ⅓ der Füllung als Streifen an das untere Ende des Blattes legen, die Seiten etwas einschlagen und Teig dann eng aufrollen.
5. Die Rolle in ca. 10 mitteldicke Würfel schneiden und diese dann auf ein mit Backpapier ausgelegtes Backblech legen. Diesen Vorgang 2-mal wiederholen.
6. Backofen bei 200 °C Ober-/Unterhitze (180 °C Umluft) vorheizen.
7. Die Börekwürfel mit der restlichen Soße bestreichen, mit Schwarzkümmel und Sesam bestreuen und im Ofen in 20–25 Minuten goldgelb backen.

Tipp:

Falls etwas von der Füllung herausgelaufen ist, mit einem Messer sofort wieder hineindrücken, etwas erkalten lassen und dann servieren.

Mozaik Pasta (kalter Hund)

ERGIBT: CA. 10 STÜCK • ZUBEREITUNG: 10 MINUTEN • GEFRIERZEIT: 3–4 STUNDEN

ZUTATEN

400 g Butterkekse
100 g gehackte Walnüsse
125 g Butter
250 ml Milch
75 g Backkakao
75 g Zucker

AUSSERDEM:

1 EL gemahlene Pistazienkerne

1. Die Butterkekse mit den Händen grob zerkleinern und in einer Schüssel mit den Walnüssen vermischen. Die Butter in einem Topf zum Schmelzen bringen und in eine große Schüssel umfüllen. Milch, Backkakao und Zucker dazugeben und sehr gut verrühren. Dann die Keks-Walnuss-Mischung einarbeiten.
2. Eine Kastenform (ca. 20 cm lang und 8 cm breit) mit Frischhaltefolie auskleiden, die Masse hineingeben und fest andrücken, die Folie zuklappen.
3. Die Kastenform 3–4 Stunden oder über Nacht in den Gefrierschrank stellen. Anschließend den Kuchen vorsichtig aus der Form lösen und auf eine Servierplatte stürzen. Die Folie abziehen und Kuchen mit gemahlenen Pistazienkernen garnieren. In ca. 10 Scheiben schneiden und servieren.

Tipp:

Der Kuchen hält sich im Gefrierfach mehrere Wochen.

Elmali Kurabiye (türkische Apfelkekse)

ERGIBT: CA. 48 STÜCK • ZUBEREITUNG: CA. 45 MINUTEN • KOCHZEIT: CA. 5 MINUTEN • BACKZEIT: CA. 15 MINUTEN PRO BLECH

ZUTATEN

TEIG:
600 g Weizenmehl
100 g Speisestärke
1 Pck. Backpulver
100 g Zucker
1 Prise Salz
250 g weiche Butter
50 ml Sonnenblumenöl
300 g Naturjoghurt (3,5 % Fett)

FÜLLUNG:
6 mittelgroße Äpfel
180 g Zucker
1 TL Zimt
200 g gehackte Haselnüsse oder Walnüsse

AUSSERDEM:
Mehl für die Arbeitsfläche
Puderzucker zum Bestäuben

1. Für den Teig Mehl, Speisestärke, Backpulver, Zucker und Salz in einer Schüssel vermischen. Butter, Sonnenblumenöl und Joghurt hinzufügen und mit den Knethaken des Handrührgeräts oder mit der Hand zu einem glatten Teig verkneten. Teig abdecken und auf die Seite stellen.
2. Für die Füllung die Äpfel schälen, das Kerngehäuse entfernen und Fruchtfleisch mit der Küchenreibe grob raspeln. Geraspelte Äpfel und Zucker in einer Pfanne auf höchster Stufe 5 Minuten unter ständigem Rühren dünsten. Pfanne vom Herd nehmen, Zimt sowie Nüsse unterrühren.
3. Den Backofen auf 220 °C Ober-/Unterhitze (200 °C Umluft) vorheizen und 3 Backbleche mit Backpapier auslegen.
4. Den Teig in 6 Stücke teilen und zu Kugeln formen. Jede Kugel auf der bemehlten Arbeitsfläche zu einem ca. 5 mm dicken Kreis ausrollen und in jeweils 8 Tortenstücke schneiden.
5. Jeweils 1 TL Füllung an der Breitseite verteilen, die Seiten knapp einschlagen und die Dreiecke zu kleinen Hörnchen aufrollen. Hörnchen mit etwas Abstand auf den Backblechen verteilen und im Backofen in ca. 15 Minuten (pro Blech) goldbraun backen.
6. Apfelkekse aus dem Ofen nehmen und auf einem Kuchenrost abkühlen lassen. Vor dem Servieren mit Puderzucker bestäuben. In einer gut schließenden Keksdose halten sich die Kekse bis zu 1 Woche.

Tuzlu Kurabiye (salzige Kekse)

ERGIBT: CA. 100 STÜCK • ZUBEREITUNG: CA. 50 MINUTEN • BACKZEIT: 9–13 MINUTEN PRO BLECH

ZUTATEN

250 g weiche Butter
100 ml Öl
30 ml Apfelessig
1 Eiweiß
2 EL Puderzucker
1 TL Salz
1 Pck. Backpulver
3 EL Sesam
2 EL Schwarzkümmel
700 g Weizenmehl

AUSSERDEM:
1 Eigelb
1 EL Öl
ca. 2 EL Sesam und Schwarzkümmel

1. Alle Zutaten außer dem Mehl in einer Küchenmaschine vermischen, dabei das Mehl nach und nach einarbeiten, bis ein geschmeidiger, glatter Teig entsteht.
2. Backofen auf 180 °C Ober-/Unterhitze (160 °C Umluft) vorheizen und 3 Backbleche mit Backpapier auslegen.
3. Vom Teig kleine Stücke abnehmen und zu Kugeln formen. Diese mit etwas Abstand zueinander auf die Backbleche legen.
4. Das Eigelb in einer Tasse mit dem Öl vermischen und die Kugeln damit bepinseln, mit Sesam und Schwarzkümmel bestreuen. Kekse dann im Ofen in 9–13 Minuten (pro Blech) goldgelb backen.

Tipp:

Die Kekse halten sich in einer luftdicht verschlossenen Keksdose mehrere Wochen.

Mercimek Köftesi (vegane Linsenfrikadellen)

ERGIBT: CA. 40 STÜCK • ZUBEREITUNG: 30 MINUTEN • KOCHZEIT: 25–30 MINUTEN • WARTEZEIT: 30 MINUTEN

ZUTATEN

250 g rote Linsen
850 ml Wasser
350 g feiner Bulgur
2 Zwiebeln
100 ml Olivenöl
2 EL Tomatenmark
1 EL Paprikamark
1 kleines Bund Petersilie
1 EL Granatapfelsirup
1 TL Paprikaflocken
2 TL Salz
½ TL Pfeffer

AUSSERDEM:
Salatblätter
Zitrone
Granatapfelsirup

1. Die Linsen in ein Sieb geben, mit Wasser spülen und abtropfen lassen. Mit 750 ml Wasser in einen Topf geben und 25–30 Minuten bei mittlerer Hitze köcheln lassen. Die Linsen sollten in der Zeit das Wasser aufgesogen haben und schön weich sein.
2. Topf vom Herd nehmen. Bulgur mit in den Topf geben, kurz vermischen und bei geschlossenem Deckel 30 Minuten ziehen lassen.
3. Die Zwiebeln schälen und fein würfeln. Öl in einer Pfanne erhitzen und Zwiebeln darin glasig dünsten. Tomatenmark und Paprikamark einrühren, kurz weiterbraten, dann mit dem restlichen Wasser ablöschen.
4. Nun die Zwiebelmischung mit der abgekühlten Bulgur-Linsen-Mischung in einer Schüssel gut vermengen.
5. Petersilie waschen, fein hacken und zusammen mit dem Granatapfelsirup sowie den Gewürzen zu der Mischung geben und sehr gut verkneten. Etwa 40 walnussgroße Stücke von der Masse abnehmen und zu Bällchen oder länglichen Frikadellen formen.
6. Mit gewaschenen Salatblättern, Zitrone und Granatapfelsirup servieren.

Die Zubereitung von türkischem Kaffee oder Mokka

ERGIBT: 1 PORTION • ZUBEREITUNG: 5 MINUTEN

ZUTATEN

1 Tasse kaltes Wasser (je kälter, desto besser)
1 TL staubfein gemahlener türkischer Kaffee
0–2 TL Zucker (nach Belieben)

AUSSERDEM:
Cezve (Kaffeekännchen)

Je nach Zuckermenge gibt es verschiedene Bezeichnungen für den Kaffee:

Sade Kahve = Kaffee ohne Zucker;

az şekerli Kahve = mit wenig Zucker (½ TL Zucker);

orta şekerli Kahve = mittelmäßig gesüßt (1 TL Zucker),

şekerli Kahve = süß (2 TL Zucker).

1. In einem Cezve Wasser, Kaffeepulver und Zucker nach Belieben gut verrühren. Stehen lassen, bis der Kaffee abgesunken ist. Danach nicht mehr rühren!
2. Wer kein Cezve besitzt kann gerne einen Milchtopf oder einen kleinen Topf für die Zubereitung verwenden.
3. Cezve auf den Herd stellen und auf höchster Stufe erhitzen. Den Kaffee kann man nach dem Grillen auch auf der Resthitze der Kohle kochen.
4. Den Kaffee im Cezve so lange kochen, bis sich eine Schaumschicht bildet und der Kaffee fast überkocht.
5. Nun den Schaum abschöpfen und in die Tasse füllen. Den Cezve wieder auf den Herd oder auf die Kohle stellen und kurz aufkochen lassen. Dann den Kaffee ebenfalls in die Tasse gießen.

Tipp:

Durch das Aufkochen geht der Schaum verloren, deswegen wird schon vorher der Schaum in die Kaffeetasse gegossen.

Während des Kochvorgangs den Kaffee niemals rühren, sonst geht der Schaum verloren.

Die Zubereitung von türkischem Schwarztee (Çay)

ERGIBT: CA. 16 PORTION • ZUBEREITUNG: CA. 15 MINUTEN

ZUTATEN

reichlich Wasser
4 volle EL türkischer Schwarztee

AUSSERDEM:
1 türkische Teekanne

1. Die türkische Teekanne besteht aus 2 Kannen. Zuerst in die untere große Kanne reichlich kaltes Wasser einfüllen, dann auf dem Herd auf höchster Stufe aufkochen lassen.
2. Den Schwarztee in die obere kleine Kanne füllen, etwas kaltes Wasser zugeben und sofort wieder ausgießen, so gehen die kleinen Teepülverchen aus der Kanne raus.
3. Anschließend das aufgekochte Wasser in die kleine Kanne gießen. Die untere große Kanne nochmals mit kaltem Wasser füllen und auf den Herd stellen, die kleinere Kanne auf die große setzen und das Wasser aufkochen lassen.
4. Sobald das Wasser in der unteren Kanne kocht, den Herd auf mittlere Stufe stellen und den Tee weitere 10 Minuten köcheln bzw. ziehen lassen.
5. Türkische Teegläser jeweils zu ¼ mit dem Tee aus der oberen Kanne befüllen, anschließend mit dem heißen Wasser aus der unteren Kanne aufgießen.
6. Je nachdem, ob man den Tee eher dunkler oder heller mag, kann man etwas mehr oder weniger Tee aus der oberen Kanne in die Gläser geben.
7. Çay sofort genießen und nach Belieben noch mit Zucker süßen.

Tipp:

Übrigens kann man, nachdem man den Tee ausgetrunken hat, den übrig gebliebenen Teesatz als Düngemittel verwenden. Die aufgekochten Teeblätter geben den Pflanzen wichtige Nährstoffe.

BRUNCH

Menemen (türkisches Rührei)

ERGIBT: 4 PORTIONEN • ZUBEREITUNG: CA. 10 MINUTEN • KOCHZEIT: CA. 15 MINUTEN

ZUTATEN

4–5 grüne Spitzpaprika
4–5 Tomaten
2 EL Olivenöl
5 Eier
Salz, Pfeffer

1. Die grünen Spitzpaprika waschen, der Länge nach halbieren, putzen und anschließend in dünne Streifen schneiden. Die Tomaten waschen und in kleine Würfel schneiden, eventuell die Haut vorher abschälen.
2. In einer Pfanne das Öl auf höchster Stufe erhitzen und die Paprikastreifen darin ca. 5 Minuten braten. Die Hitze auf mittlere Stufe reduzieren und die Tomaten zugeben. Circa 7 Minuten gar ziehen lassen und dann mithilfe einer Gabel die Tomaten zerdrücken, je reifer und weicher die Tomaten sind, desto schneller sind sie gar.
3. Zu guter Letzt die Eier entweder in einer Schüssel verquirlen, in die Pfanne gießen und stocken lassen oder die Eier direkt in die Pfanne aufschlagen und garen, bis das Eiweiß fest, aber das Eigelb noch flüssig ist. Mit Salz und Pfeffer abschmecken.

Kuymak / Muhlama (Käsepfanne)

ERGIBT: 4 PORTIONEN • ZUBEREITUNG: CA. 10 MINUTEN • KOCHZEIT: CA. 10 MINUTEN

ZUTATEN

2 EL Butter
3 EL Maismehl
350 ml kaltes Wasser
200 g Gouda oder Kaşar-Käse (am Stück)
50 g Mozzarella
Salz (nach Belieben)

1. In einer beschichteten Pfanne die Butter auf höchster Stufe zum Schmelzen bringen, das Maismehl hineingeben und unter ständigem Rühren ca. 5 Minuten anschwitzen.
2. Das Wasser angießen und ca. 3 Minuten unter Rühren köcheln lassen, bis sich alles gut bindet und eine cremige Masse entsteht.
3. Beide Käsesorten in kleine Stücke schneiden, in die Pfanne geben und die Temperatur auf mittlere Stufe reduzieren. Käse unter ständigem Rühren schmelzen und nach Wunsch etwas Salz zugeben. Sobald der Käse geschmolzen ist, Pfanne weitere 2–3 Minuten auf dem Herd lassen, aber nicht mehr umrühren. Durch die Hitze bildet sich eine Butterschicht auf der Käsemischung.
4. Sobald das geschehen ist, die Käsepfanne sofort mit frischem Brot servieren.

Bazlama-Brot (türkisches Pfannenbrot)

ERGIBT: 16 STÜCK • ZUBEREITUNG: CA. 45 MINUTEN • GEHZEIT: 1 STUNDE 15 MINUTEN • BACKZEIT: CA. 30 MINUTEN

ZUTATEN

½ Würfel frische Hefe oder 1 Pck. Trockenhefe
1 TL Zucker
400 ml lauwarme Milch
100 ml lauwarme Schlagsahne
2 EL Öl
1 TL Salz
800 g Weizenmehl

AUSSERDEM:
Mehl für die Arbeitsfläche
Butter zum Bestreichen (nach Belieben)

1. In einer Schüssel die Hefe, den Zucker, die lauwarme Milch und Schlagsahne vermischen, bis sich die frische Hefe aufgelöst hat. Öl, Salz und Mehl hinzufügen und das Ganze mit dem Handrührgerät zu einem leicht klebrigen Teig verkneten.
2. Den Teig mit einem feuchten Küchentuch abdecken und ca. 1 Stunde gehen lassen.
3. Nach der Gehzeit den Teig auf einer bemehlten Arbeitsfläche in ca. 16 gleich große Stücke zerteilen und Kugeln daraus formen. Die Teigkugeln mit etwas Mehl bestäuben und ein Küchentuch darüberlegen, damit die Kugeln nicht austrocknen.
4. Die Kugeln nach und nach auf einer leicht bemehlten Arbeitsfläche zu kleinen Fladen ausrollen (ca. 1 cm dick) und weitere 15 Minuten gehen lassen.
5. Eine beschichtete Pfanne auf höchster Stufe erhitzen. Die Teigfladen nacheinander zuerst ca. 20 Sekunden auf einer Seite backen, dann wenden, nochmals ca. 20 Sekunden backen und erneut wenden. Nun die Pfannenbrote ausbacken, bis sie sich wie Ballons aufblasen. Sobald das geschehen ist, Brote ein letztes Mal wenden und goldbraun ausbacken.
6. Nach dem Ausbacken die Pfannenbrote nach Belieben mit etwas Butter bestreichen, so werden sie saftig und bleiben länger weich.
7. Die Brote sofort verzehren oder abkühlen lassen und einfrieren. Bei Bedarf auftauen und erhitzen.

https://m-vg.de/link/party-02

Eier in Buttersoße

ERGIBT: 4–5 PORTIONEN • ZUBEREITUNG: CA. 10 MINUTEN • KOCHZEIT: CA. 10 MINUTEN

ZUTATEN

4–5 Eier
2 EL Butter
1 TL edelsüßes Paprikapulver
½ TL Paprikaflocken
½ TL getr. Petersilie
½ TL getr. Minze
Salz, Pfeffer

1. Die Eier in einen Topf legen, so viel lauwarmes Wasser angießen, bis sie komplett damit bedeckt sind. Wasser auf höchster Stufe zum Kochen bringen, anschließend Hitze reduzieren und Eier 10 Minuten köcheln lassen. Die Eier herausnehmen, mit kaltem Wasser abschrecken, schälen und halbieren.
2. In einer Pfanne die Butter bei mittlerer Hitze schmelzen, dann die restlichen Zutaten zugeben und alles gut vermischen. Die Eier mit der Schnittfläche nach unten in die Pfanne legen und darin schwenken. Mithilfe eines Löffels die Buttermischung auf der Oberseite der Eier verteilen.

Olivensalat

ERGIBT: 4–5 PORTIONEN • ZUBEREITUNG: CA. 15 MINUTEN

ZUTATEN

250 g grüne Oliven mit Paprika
100 g Kirschtomaten
2 grüne Spitzpaprika
1 Frühlingszwiebel
4 Stängel Petersilie
½ Bund Dill
1 Handvoll gehackte Walnüsse
5 EL Olivenöl
2 EL Granatapfelsirup
Saft von ½ Zitrone
1 TL Paprikaflocken
Salz

1. Die Oliven in Ringe schneiden. Kirschtomaten und Spitzpaprika waschen, in dünne Scheiben schneiden und mit den Oliven in eine Schüssel geben.
2. Frühlingszwiebel putzen, mit Petersilie und Dill waschen und fein hacken.
3. In die Schüssel geben, Salat mit den restlichen Zutaten vermischen und dann servieren.

Salat
Bar

VEGGIE/ SALATPARTY

Cremiger Nudelsalat

ERGIBT: 4–5 PORTIONEN • ZUBEREITUNG: CA. 30 MINUTEN • KOCHZEIT: CA. 10 MINUTEN

ZUTATEN

- 500 g Nudeln (Gobbetti/Gabelspaghetti)
- 1 Glas Gewürzgurken (Abtropfgewicht 360 g)
- 1 Dose Erbsen und Möhrchen (Abtropfgewicht 530 g)
- 500 g Naturjoghurt (3,5 % Fett)
- 150 g Mayonnaise
- 3 EL Gurkenflüssigkeit aus dem Glas
- 2 EL Olivenöl
- 1 TL Zitronensaft
- 2 Pck. Salatkrönung (Gartenkräuter)
- 2 TL getr. Dill
- ½ TL edelsüßes Paprikapulver
- 1 Dose Mais (Abtropfgewicht 285 g)
- Salz, Pfeffer

1. Die Nudeln in einem Topf mit Wasser nach Packungsanleitung al dente kochen. In ein Sieb abgießen, abtropfen und auskühlen lassen.
2. Gewürzgurken, Erbsen und Möhrchen in ein Sieb abgießen und Gurken und Möhrchen in mundgerechte Stücke schneiden.
3. Joghurt, Mayonnaise, Gurkenflüssigkeit, Öl, Zitronensaft, Kräuter und Gewürze in einer Schüssel sehr gut verrühren. Gurken, Erbsen, Möhrchen und abgetropften Mais dazugeben und kurz verrühren.
4. Nun die Nudeln unterheben und noch mal gut durchmischen. Zu guter Letzt mit Salz und Pfeffer abschmecken.
5. Der Salat hält sich im Kühlschrank 2 Tage.

Tipp

Wenn du willst, kannst du auch andere Gemüsesorten wie Paprika, Tomaten, Gurken, Frühlingszwiebeln etc. dazugeben.

Der Salat hält sich im Kühlschrank 2 Tage.

Kisir (türkischer Bulgursalat)

ERGIBT: 4–5 PORTIONEN • ZUBEREITUNG: 30 MINUTEN •
KOCHZEIT: CA. 10 MINUTEN • KÜHLZEIT: CA. 30 MINUTEN

ZUTATEN

5 EL Olivenöl
1 Zwiebel
2 EL Tomatenmark
2 EL Paprikamark
250 g feiner Bulgur (Kisirlik)
250 ml heißes Wasser
½ Eisbergsalat oder
 2 kleine Romana-Salate
1 kleines Bund Petersilie
Saft von 1 Zitrone
4 EL Granatapfelsirup
2 EL Paprikaflocken
1 EL Essigbaumgewürz
 (Sumach)
Salz

1. In einer Pfanne das Olivenöl auf höchster Stufe erhitzen.
2. Die Zwiebel schälen, fein würfeln und in der Pfanne glasig braten. Tomatenmark und Paprikamark hinzufügen und etwa 2 Minuten mitbraten.
3. Den Bulgur dazugeben und sehr gut verrühren. Das Wasser angießen, einige Minuten köcheln lassen und dann Pfanne vom Herd nehmen. Einen Deckel aufsetzen und Mischung mindestens 30 Minuten auskühlen lassen.
4. Salat und Petersilie waschen und fein hacken. In eine Salatschüssel geben. Mit Zitronensaft, Granatapfelsirup, Paprikaflocken sowie Essigbaumgewürz vermischen, dann den ausgekühlten Bulgur unterheben. Salat sehr gut vermischen und mit Salz abschmecken.

https://m-vg.de/link/party-03

Würziger Kartoffelsalat

ERGIBT: 4–5 PORTIONEN • ZUBEREITUNG: 30 MINUTEN •
KOCHZEIT: 15–20 MINUTEN

ZUTATEN

1 kg festkochende Kartoffeln
1 Glas Gewürzgurken (Abtropfgewicht 670 g)
1 kleines Bund Petersilie
1 kleines Bund Schnittlauch
1 kleines Bund Dill
1 Dose Mais (Abtropfgewicht 285 g)
6 EL Olivenöl
Saft von ½ Zitrone
2 TL Paprikaflocken oder edelsüßes Paprikapulver
1 Pck. Salatkrönung (Gartenkräuter)
Salz, Pfeffer

1. Kartoffeln schälen und in einem Topf mit reichlich Wasser in 15–20 Minuten gar kochen. Anschließend Wasser abgießen und Kartoffeln abkühlen lassen.
2. Währenddessen die restlichen Zutaten verarbeiten. Gewürzgurken klein schneiden. Petersilie, Schnittlauch und Dill waschen und fein hacken. Mais in einem Sieb abtropfen lassen. Gurken, Kräuter und Mais in eine Schüssel geben.
3. Die Kartoffeln in Würfel schneiden und mit den anderen Zutaten in der Schüssel vermischen. Den Salat mit Öl, Zitronensaft, Paprikaflocken, Salatkräutern, Salz und Pfeffer würzen.
4. Der Salat hält sich im Kühlschrank 2 Tage.

Risoni-Salat

ERGIBT: 4–5 PORTIONEN • ZUBEREITUNG: CA. 30 MINUTEN • KOCHZEIT: CA. 15 MINUTEN

ZUTATEN

5 EL Olivenöl
250 g Risoni-Nudeln
1 ½ l heißes Wasser
Salz
2 Karotten
1 rote Paprikaschote
1 Gurke
2 Frühlingszwiebeln
½ Bund Petersilie
½ Bund Dill
1 Dose Mais (Abtropfgewicht 285 g)
Saft von ½ Zitrone
Pfeffer

1. In einem Topf das Olivenöl auf höchster Stufe erhitzen, die Risoni-Nudeln darin ca. 5 Minuten anbraten, bis sie leicht braun werden. Das heiße Wasser und 1 TL Salz zugeben und Nudeln 8–10 Minuten kochen lassen. In ein Sieb abgießen, abtropfen und auskühlen lassen.
2. Karotten schälen, putzen und in kleine Würfel schneiden. Paprikaschote und Gurke waschen, putzen und ebenfalls würfeln. Frühlingzwiebeln putzen, mit Petersilie und Dill waschen und klein hacken. Alles in eine Schüssel geben, die Nudeln und den abgetropften Mais untermischen und Salat mit Zitronensaft sowie Salz und Pfeffer abschmecken.
3. Der Salat hält sich im Kühlschrank 2 Tage.

Nudelsalat mit Pesto

ERGIBT: 4–5 PORTIONEN • ZUBEREITUNG: CA. 30 MINUTEN • KOCHZEIT: CA. 12 MINUTEN

ZUTATEN

500 g Nudeln
50 g Pinienkerne
250 g Cherrytomaten
1 Bund Basilikum
190–200 g Basilikumpesto (alla Genovese)
1 Pck. Mini-Mozzarella (Abtropfgewicht 125 g)
3 EL Olivenöl

1. Die Nudeln in einem Topf mit Wasser nach Packungsanleitung al dente kochen. In ein Sieb abgießen, abtropfen und auskühlen lassen.
2. Die Pinienkerne in einer Pfanne ohne Fett bei mittlerer Hitze rösten.
3. Cherrytomaten waschen und halbieren. Basilikumblätter abzupfen, waschen und klein schneiden.
4. Die Nudeln in einer Schüssel mit dem Pesto vermischen, die restlichen Zutaten zufügen und alles gut vermengen.
5. Der Salat hält sich im Kühlschrank 2 Tage.

Avocado-Dip

ERGIBT: 4 PORTIONEN • ZUBEREITUNG: 10 MINUTEN

ZUTATEN

2 reife Avocados
1 Handvoll Dill
1 Knoblauchzehe
Saft von ½ Zitrone
2 EL Frischkäse
2 EL Olivenöl
Salz, Pfeffer

AUSSERDEM:
Dill zum Garnieren
frisches Brot

1. Avocados halbieren, den Kern entfernen, das Fruchtfleisch mit einem Löffel aus den Schalen heben und in einen Mixer geben.
2. Den Dill waschen, den Knoblauch schälen. Beides mit den restlichen Zutaten zu den Avocados geben und dann alles zu einer cremigen Masse pürieren.
3. Mit etwas Dill garnieren und frisches Brot dazu reichen.

Tipp:
Der Dip sollte möglichst frisch zubereitet und im besten Fall am selben Tag verzehrt werden.

Türkische Meze (Vorspeisen/Dips zum Grillen)

Acili Ezme (Scharfer Paprika-Tomaten-Dip)

ERGIBT: 10 PORTIONEN • ZUBEREITUNG: CA. 15 MINUTEN

ZUTATEN

5 rote Paprikaschoten
4 grüne Spitzpaprika
3 Tomaten
2 Zwiebeln
4 Knoblauchzehen
1 Bund Petersilie
6 EL Olivenöl
3 EL Tomatenmark
3 EL Paprikamark
2 TL Paprikaflocken
2 TL getr. Minze
4 EL Granatapfelsirup
Salz, Pfeffer

1. Gemüse waschen bzw. schälen, putzen und in grobe Stücke schneiden. Petersilie waschen, mit dem Gemüse, dem Olivenöl, Tomatenmark und Paprikamark in einer Küchenmaschine ca. 15 Sekunden pürieren.
2. Zum Schluss die Gewürze und den Granatapfelsirup unterrühren und mit Salz und Pfeffer abschmecken.

Tipp

Der scharfe Paprika-Tomaten-Dip hält sich bis zu 5 Wochen und die Joghurtdips bis zu 4 Tage im Kühlschrank.

Dazu schmeckt frisches Fladenbrot und Gegrilltes sehr gut.

Karotten-Joghurt-Dip

ERGIBT: 5 PORTIONEN • ZUBEREITUNG: 20 MINUTEN

ZUTATEN

7 Karotten
1 Knoblauchzehe
1 Handvoll Dill
500 g Süzme-Joghurt oder griechischer Joghurt (10 % Fett)
200 g Schmand
1 EL Olivenöl
1 TL Salz
Pfeffer

Die Karotten schälen und fein raspeln, Knoblauchzehe schälen und pressen, den Dill waschen und hacken. Joghurt in einer Schüssel mit dem Schmand und dem Olivenöl verrühren. Karotten, Knoblauch und Dill untermischen, mit Salz und Pfeffer abschmecken.

Gurken-Joghurt-Dip

ERGIBT: 5 PORTIONEN • ZUBEREITUNG: 20 MINUTEN

ZUTATEN

2 Gurken
1 Knoblauchzehe
1 Handvoll Dill
500 g Süzme-Joghurt oder griechischer Joghurt (10 % Fett)
200 g Schmand
1 EL Olivenöl
1 TL Salz

1. Die Gurken waschen, fein raspeln, in einem Sieb abtropfen lassen und gut ausdrücken. Knoblauchzehe schälen und pressen, Dill waschen und fein hacken.
2. Joghurt in einer Schüssel mit dem Schmand und dem Olivenöl verrühren. Gurken, Knoblauch und Dill untermischen und mit Salz abschmecken.

KAROTTEN-JOGHURT-DIP
ACILI EZME
(SCHARFER PAPRIKA-TOMATEN-DIP)

GURKEN-JOGHURT-DIP

BBQ

Grillmarinade für Hähnchen nach türkischer Art

ERGIBT: 8–10 PORTIONEN • ZUBEREITUNG: 15 MINUTEN • KÜHLZEIT: MIND. 2 STUNDEN • GRILLZEIT: JE NACH FLEISCH

ZUTATEN

1 kg Hähnchen (Brust oder Hähnchenkoteletts)
Tomaten, Paprikaschoten (nach Belieben)
Grillspieße/Holzspieße

MARINADE:

1 Zwiebel
1–2 Knoblauchzehen
50 ml Milch
50 ml Öl
2 EL Naturjogurt
1 EL Tomatenmark
2 TL edelsüßes Paprikapulver
1 TL Paprikaflocken
2 TL Salz
etwas Pfeffer

1. Hähnchenbrust oder -koteletts in 2–3 cm große Würfel schneiden.
2. Für die Marinade Zwiebel und Knoblauch schälen, fein reiben und in eine Schüssel geben. Anschließend die restlichen Zutaten zufügen und alles gründlich vermischen. Das Hähnchenfleisch in die Schüssel legen und gut mit der Marinade überziehen. Mindestens 2 Stunden oder über Nacht im Kühlschrank durchziehen lassen.
3. Das Gemüse waschen, putzen und eventuell in Stücke schneiden. Die Hähnchenwürfel abwechselnd mit Tomaten und Paprikastückchen auf Spieße stecken. Anschließend auf dem Grill gar grillen, dabei wenden.

Tipp:

Die Marinade kannst du nicht nur für Spieße, sondern auch zum Beispiel für Hähnchenkeulen verwenden.

Natürlich funktioniert das Rezept auch im Backofen: dazu Spieße im auf 220 °C Ober-/Unterhitze (200 °C Umluft) vorgeheizten Ofen 35–40 Minuten braten.

Grillmarinade für Rind und Lamm nach türkischer Art

ERGIBT: 8–10 PORTIONEN • ZUBEREITUNG: CA. 15 MINUTEN • KÜHLZEIT: CA. 2 STUNDEN • GRILLZEIT: JE NACH FLEISCH

ZUTATEN

1 kg Lammfleisch oder Rindfleisch (Lammkoteletts oder -keule, Rinderfilet oder Hüftsteak)
Tomaten, Paprikaschoten (nach Belieben)
Grillspieße/Holzspieße

MARINADE:

1 kleine Zwiebel
2 Knoblauchzehen
5 EL Naturjogurt
5 EL Olivenöl
1 TL Paprikamark
2 Zweige Rosmarin
1 TL edelsüßes Paprikapulver
¼ TL gem. Kreuzkümmel
¼ TL fein gem. Pfeffer
Salz

1. Das Fleisch in 2–3 cm große Würfel schneiden, mit kaltem Wasser abwaschen und mit Küchenpapier trocken tupfen.
2. Für die Marinade die Zwiebel schälen, fein reiben und in eine Schüssel geben. Knoblauchzehen schälen, in Scheiben schneiden und zusammen mit den restlichen Zutaten in die Schüssel geben und gründlich vermischen. Das Fleisch hineinlegen, gut mit der Marinade überziehen und mindestens 2 Stunden oder über Nacht im Kühlschrank durchziehen lassen.
3. Das Gemüse waschen, putzen und eventuell in Stücke schneiden. Die Fleischwürfel abwechselnd mit Tomaten und Paprikastückchen auf Spieße stecken. Anschließend auf dem Grill gar grillen, dabei wenden.

Tipp:

Die Marinade kannst du nicht nur für Spieße, sondern auch zum Beispiel für Lammkoteletts oder Steaks verwenden.

Natürlich funktioniert das Rezept auch im Backofen: dazu Spieße im auf 220 °C Ober-/Unterhitze (200 °C Umluft) vorgeheizten Ofen 30 Minuten braten.

Izgara Köfte

ERGIBT: 4 PORTIONEN/20 STÜCK • ZUBEREITUNG: 20 MINUTEN • KÜHLZEIT: 1 STUNDE • GRILLZEIT: CA. 15 MINUTEN

ZUTATEN

1 Zwiebel
1 Handvoll Petersilie
500 g Rinderhackfleisch
1 Ei
5 EL Paniermehl
3 EL Öl
2 TL Salz
1 TL Paprikaflocken
1 TL edelsüßes Paprikapulver
1 TL gem. Kreuzkümmel
etwas Pfeffer

1. Zwiebel schälen und fein hacken, die Petersilie waschen, trocken schütteln und ebenfalls fein hacken. Beides mit den restlichen Zutaten in eine Schüssel geben und 5 Minuten mit den Händen gut durchkneten. Masse mindestens 1 Stunde in den Kühlschrank stellen.
2. Anschließend aus der Masse 20 Frikadellen formen und auf dem Grill gar grillen, dabei wenden.

Tipp

Du kannst die Frikadellen auch in einer Pfanne mit etwas Öl auf mittlerer Hitze braten, dabei einmal wenden.

Oder du backst sie im auf 220 °C Ober-/Unterhitze vorgeheizten Ofen 12–15 Minuten.

Marinade für Lachs

ERGIBT: 4 PORTIONEN • ZUBEREITUNG: 20 MINUTEN • GRILLZEIT: CA. 12 MINUTEN

ZUTATEN

4 Lachsfilets (à 200 g)

MARINADE:
2 Knoblauchzehen
2 Zweige Rosmarin
1 Zweig Thymian
6 EL Olivenöl
Saft von 1 Zitrone
Salz, Pfeffer

1. Die Lachsfilets mit kaltem Wasser abspülen, anschließend mit Küchenpapier trocken tupfen.
2. Knoblauchzehen schälen, in Scheiben schneiden und mit dem gewaschenen Rosmarin und Thymian, Öl, Zitronensaft sowie Salz und Pfeffer in eine Schüssel geben und verrühren.
3. Die Filets mit der Marinade bestreichen und anschließend auf dem Grill gar grillen, dabei einmal wenden.

Tipp:

Die Lachsfilets kannst du auch im Backofen oder in einer Pfanne braten: im auf 200 °C Ober-/Unterhitze (180 °C Umluft) vorgeheizten Backofen ca. 30 Minuten, dabei einmal wenden, oder in einer heißen Pfanne mit Öl von beiden Seiten jeweils 4 Minuten.

Gefüllte Champignons

ERGIBT: 4 PORTIONEN • ZUBEREITUNG: CA. 15 MINUTEN • GRILLZEIT: CA. 15 MINUTEN

ZUTATEN

400–500 g Champignons (vorzugsweise große)
100 g geriebener Käse (Mozzarella, Gouda etc.)

FÜLLUNG:

1 Handvoll Schnittlauch
1 Handvoll Petersilie oder Basilikum
200 g Frischkäse, Crème fraîche oder Schmand
½ TL edelsüßes Paprikapulver
Salz, Pfeffer

1. Die Champignons putzen und die Stiele entfernen.
2. Für die Füllung Schnittlauch und Petersilie oder Basilikum waschen, trocken schütteln und fein hacken. In einer Schüssel mit den restlichen Zutaten vermischen und die Champignonköpfe damit füllen.
3. Champignons mit Käse bestreuen und auf dem Grill bei schwacher Hitze grillen, bis sie leicht gebräunt sind und der Käse geschmolzen ist.

Tipp:

Wenn du die Champignons in einer Auflaufform im Backofen zubereitest, musst du den Ofen auf 220 °C Ober-/Unterhitze (200 °C Umluft) vorheizen und die Pilze 10–15 Minuten backen.

Als Variante kannst du auch die Stiele der Champignons fein hacken und unter die Füllung mischen.

Grillgemüse und Sour Cream

ERGIBT: 4 PORTIONEN • ZUBEREITUNG: CA. 20 MINUTEN • GRILLZEIT: 10 MINUTEN

ZUTATEN

GRILLGEMÜSE:

500 g Mini-Kartoffeln (Drillinge)
1 Süßkartoffel
2–3 Karotten
1–2 Zucchini
1 Aubergine
1 rote oder gelbe Paprikaschote
5 EL Olivenöl
2 TL getr. Petersilie
1 TL edelsüßes Paprikapulver
1 TL getr. Thymian (nach Belieben)
1 TL getr. Basilikum
1 TL getr. Oregano (nach Belieben)
Salz, Pfeffer

SOUR CREAM:

1 Zwiebel
1 Knoblauchzehe
1 Handvoll Schnittlauch
1 Handvoll Petersilie
1 Handvoll Dill (nach Belieben)
1 EL TK-8-Kräuter-Mischung (nach Belieben)
250 g Speise- oder Magerquark
200 g Crème fraîche oder Schmand
2 EL Mayonnaise
1 EL Apfelessig
1 EL Zucker
1 TL Salz
½ TL Pfeffer

1. Für das Grillgemüse die Kartoffeln und die Süßkartoffel schälen und in einem Topf mit reichlich Wasser in 10–15 Minuten weich kochen. Das Wasser abgießen und die Kartoffeln in mitteldicke Scheiben oder Spalten schneiden.
2. Das restliche Gemüse waschen bzw. schälen, putzen und ebenfalls in Spalten oder mitteldicke Scheiben schneiden.
3. Das ganze Gemüse in einer Schüssel mit dem Öl und den Kräutern und Gewürzen vermischen. In eine große Grillschale oder 4 kleinere Grillschalen legen und ca. 10 Minuten auf dem Grill braten, bis das Gemüse schön bissfest ist und eine Röstfarbe angenommen hat.
4. Für die Sour Cream Zwiebel und Knoblauchzehe schälen, fein hacken und in eine Schüssel geben. Die Kräuter waschen, trocken schütteln, ebenfalls fein hacken und mit den restlichen Zutaten in die Schüssel geben und sehr gut verrühren.
5. Das Gemüse mit der Sour Cream servieren.

Tipp:

Wenn du das Gemüse im Backofen zubereiten willst, brauchst du die Kartoffeln nicht vorher zu kochen! Das Gemüse einfach auf ein mit Backpapier belegtes Backblech legen und im auf 200 °C Ober-/Unterhitze (180 °C Umluft) vorgeheizten Backofen 35–40 Minuten backen.

EGAL OB
FÜR HOCHZEIT,
KINDERPARTY ODER
GEBURTSTAG –
eine Candy Bar
passt immer!

CANDY BAR

Sechs verschiedene Desserts für die Candy Bar

ERGIBT: JEWEILS 20–25 MINIDESSERTS • ZUBEREITUNG: JEWEILS CA. 30 MINUTEN • KÜHLZEIT: JEWEILS 1 STUNDE

Vanilletraum

ZUTATEN

100 g Butterkekse
400 ml Schlagsahne
250 g Mascarpone oder Quark
1 Pck. Paradiescremepulver (Vanillegeschmack)

AUSSERDEM:
Früchte und Mini-Butterkekse zum Garnieren

1. Die Butterkekse mit einem Teigroller fein zerbröseln und beiseite stellen.
2. Die restlichen Zutaten in einer Schüssel mit dem Handmixer sehr gut steif schlagen und in einen Spritzbeutel mit Sterntülle füllen.
3. Die Keksbrösel in die Becher verteilen, die Creme daraufspritzen und mit Mini-Butterkeksen sowie Früchten nach Belieben dekorieren.

Schwarzwälder Kirsch

ZUTATEN

500 g Kirschgrütze
400 ml Schlagsahne
250 g Quark
3 Pck. Sahnesteif
3 EL Zucker
50 g Raspelschokolade

AUSSERDEM:
20–25 Kirschen, entsteint, zum Garnieren

1. Die Kirschgrütze in die Becher verteilen.
2. Schlagsahne, Quark, Sahnesteif und Zucker in eine Schüssel geben und mit dem Handmixer steif schlagen. Dann die Raspelschokolade untermischen. Creme in einen Spritzbeutel mit Lochtülle füllen und auf die Kirschgrütze spritzen.
3. Desserts mit den Kirschen garnieren.

Raffaello-Traum

ZUTATEN

600 ml Schlagsahne
250 g Mascarpone
2 EL Zucker
3 Pck. Sahnesteif
10 Raffaellokugeln

AUSSERDEM:

20–25 Raffaello-Kugeln zum Garnieren

1. Schlagsahne, Mascarpone, Zucker und Sahnesteif in eine Schüssel geben und mit dem Handmixer cremig aufschlagen.
2. Raffaello-Kugeln in einer Küchenmaschine pürieren und unter die Creme mischen. Creme in einen Spritzbeutel mit großer Sterntülle füllen und in die Becher spritzen.
3. Desserts mit den Raffaello-Kugeln garnieren.

Schoko-Traum

ZUTATEN

600 ml Schlagsahne
3 Pck. Sahnesteif
3 EL Zucker
3 EL Backkakao
100 g Cookies oder Schokokekse

AUSSERDEM:

Schokostückchen und Beeren zum Garnieren

1. Sahne, Sahnesteif, Zucker und Kakao in einer Schüssel mit dem Handmixersteif schlagen. Creme in einen Spritzbeutel mit Sterntülle füllen.
2. Die Kekse zerkrümeln und in die Becher verteilen, die Creme daraufspritzen und mit Schokostückchen sowie Beeren garnieren.

Tipp:

Die Minidessertbecher fassen 60–70 ml. Du bekommst sie über das Internet.

Statt in Minibechern kannst du die Desserts natürlich auch in 6 großen oder 9 mittelgroßen Dessertgläsern zubereiten.

Die Desserts sollten vor dem Servieren mindestens für 1 Stunde in den Kühlschrank.

Lotus-Traum

ZUTATEN

100 g Lotuskekse
250 g Mascarpone
400 ml Schlagsahne
3 EL Lotus-Brotaufstrich
3 Pck. Sahnesteif

AUSSERDEM:
Lotuskekse und Früchte zum Garnieren

1. Die Lotuskekse mit einem Teigroller fein zerbröseln und in die Gläser verteilen.
2. Die restlichen Zutaten in einer Schüssel mit dem Handmixer steif schlagen. Creme in einen Spritzbeutel mit Sterntülle füllen und die Creme auf die Keksbrösel spritzen.
3. Desserts mit Lotuskeksen und Früchten garnieren.

Muhallebi mit Cookies

CA. 100 G COOKIES

ZUTATEN

500 ml Milch
400 ml Schlagsahne
4 EL Zucker
4 EL Speisestärke
1 TL Vanilleextrakt

AUSSERDEM:
Beeren oder Früchte und Mini-Cookies zum Garnieren

1. Die Cookies mit dem Teigroller fein zerbröseln und in die Gläser verteilen.
2. Die restlichen Zutaten in einem Topf gut verrühren und unter ständigem Rühren auf höchster Stufe aufkochen lassen. Sobald die Masse köchelt und andickt, Topf vom Herd nehmen.
3. Die Puddingmasse sofort in die Gläser füllen und mit Mini-Cookies sowie Beeren oder Früchten garnieren.

https://m-vg.de/link/party-04

Zitronen-Joghurt-Torte

ERGIBT: 1 SPRINGFORM (24 CM Ø) • ZUBEREITUNG: 1 STUNDE • BACKZEIT: 1 STUNDE • KÜHLZEIT: 4 STUNDEN

ZUTATEN

BISKUIT:
2 Bio-Zitronen
8 Eier
320 g Zucker
360 g Weizenmehl
4 TL Backpulver

CREME:
2 Bio-Zitronen
500 g griechischer Joghurt (10 % Fett)
500 g Magerquark
250 g Mascarpone
8 EL Zucker
600 ml Schlagsahne
8 Pck. Sahnesteif

AUSSERDEM:
200 ml Schlagsahne
1 Päckchen Sahnesteif
2 Bio-Zitronen
125 g Heidelbeeren
Minzeblätter zum Garnieren

1. Den Backofen auf 170 °C Ober-/Unterhitze (150 °C Umluft) vorheizen und eine Springform mit Backpapier auskleiden.
2. Aus den Zutaten für den Teig 2 Biskuitböden (24 cm Ø) backen. Dazu die Zitronen waschen und abtrocknen. Die Schale 1 Zitrone abreiben und den Saft auspressen. 4 Eier und 160 g Zucker in eine Schüssel geben und 6 Minuten mit dem Handmixer schaumig aufschlagen. 180 g Mehl und 2 TL Backpulver in einer Schüssel mischen, auf die Eimasse sieben und mit einem Teigschaber unterheben. Zitronenabrieb und -saft ebenfalls untermischen. Den Teig in die Springform füllen und ca. 30 Minuten im Ofen backen. Stäbchenprobe nicht vergessen! Kuchen aus dem Ofen nehmen, etwas abkühlen lassen, dann aus der Form heben und auf einem Kuchengitter komplett auskühlen lassen.
3. Nun den zweiten Biskuitteig aus den restlichen Teigzutaten genauso zubereiten, backen und auskühlen lassen.
4. Für die Creme die Zitronen waschen, abtrocknen, die Schale abreiben und den Saft auspressen. Alle Zutaten bis auf die Sahne und das Sahnesteif in eine Schüssel geben und mit dem Handmixer kurz verrühren. Dann Sahne und Sahnesteif zufügen und das Ganze zu einer cremigen Masse aufschlagen. Bis zum Gebrauch kühl stellen.

5. Die abgekühlten Biskuitböden jeweils waagerecht einmal durchschneiden, sodass 4 gleich dicke Böden entstehen. Den ersten Kuchenboden auf eine Tortenplatte setzen und mit einem Tortenring umschließen. Circa ¼ der Creme auf den Kuchen streichen, den zweiten Kuchenboden aufsetzen und ⅓ der restlichen Creme darauf verteilen. Nun den dritten Kuchenboden aufsetzen und die Hälfte der restlichen Creme daraufgeben. Den letzten Kuchenboden aufsetzen und Torte im Kühlschrank mindestens 4 Stunden oder über Nacht kühl stellen. Je länger die Torte im Kühlschrank ruhen kann, desto saftiger wird sie. Die übrig gebliebene Creme ebenfalls kühl stellen.
6. Den Tortenring vorsichtig entfernen und die Torte mit der restlichen Creme rundherum glatt einstreichen.
7. Die Schlagsahne mit dem Sahnesteif in eine Schüssel geben und mit dem Handmixer steif schlagen. In einen Spritzbeutel mit Sterntülle füllen und Sahnetupfen auf die Torte spritzen.
8. Die Zitronen waschen, abtrocknen und in feine Scheiben schneiden. Die Heidelbeeren und die Minze waschen. Torte mit Zitronenscheiben, Heidelbeeren sowie Minzeblättern garnieren. Sofort servieren oder bis zum Verzehr kühl stellen.

https://m-vg.de/link/party-15
Dieses Video ist auch das Grundrezept für die Erdbeersahnetorte und Knoppers-Torte.

Crêpetorte mit Mascarponecreme

ERGIBT: 12 STÜCK • ZUBEREITUNG: CA. 45 MINUTEN • KÜHLZEIT: 2 STUNDEN

ZUTATEN

CRÊPES:
4 Eier
500 ml Milch
250 g Weizenmehl
1 Prise Salz

CREME:
600 ml Schlagsahne
7 Pck. Sahnesteif
500 g Mascarpone
5 EL Zucker
1 TL Vanilleextrakt

AUSSERDEM:
etwas Öl für die Pfanne
4–5 Feigen
300 g Beeren (nach Belieben)

1. Die Zutaten für die Crêpes in einer Schüssel mit dem Schneebesen verrühren.
2. Eine Pfanne mit etwas Öl ausstreichen und auf mittlerer Stufe erhitzen. Jeweils 1 Suppenkelle von dem Teig in die Pfanne geben, gleichmäßig darin verteilen und von beiden Seiten ausbacken. Vorgang wiederholen, bis der Teig aufgebraucht ist. Crêpes gut auskühlen lassen.
3. Für die Creme die Schlagsahne und 3 Päckchen Sahnesteif in eine Schüssel geben und mit dem Handmixer steif schlagen. Mascarpone in einer anderen Schüssel mit den restlichen Zutaten cremig rühren und dann die Sahne unterheben.
4. Nun 1 Crêpe auf eine Tortenplatte legen und mit ca. 2 EL Creme gleichmäßig dünn bestreichen. 1 weitere Crêpe daraufgeben und ebenso bestreichen. So fortfahren, bis alle Crêpes verbraucht sind. Zum Schluss mit der restlichen Creme die Torte rundherum gleichmäßig einstreichen.
5. Torte mit Feigen und Beeren hübsch garnieren und ca. 2 Stunden kühl stellen. Anschließend in 12 Stücke schneiden und servieren.

Info:

Aus der Teigmenge lassen sich je nach Größe der Pfanne 10–12 Crêpes backen. Eine Pfanne mit einem Ø 25–28 cm ist ideal.

Subway-Cookies

ERGIBT: 20–21 STÜCK • ZUBEREITUNG: 20 MINUTEN •
BACKZEIT: 8–10 MINUTEN PRO BLECH

ZUTATEN

250 g Butter
150 g brauner Zucker
100 g weißer Zucker
1 TL Vanilleextrakt
2 Eier
230 g Weizenmehl
30 g Speisestärke
1 TL Natron
1 Prise Salz

FÜR CHOCOLATE CHIP COOKIES:
200 g Schokotröpfchen

FÜR WHITE CHIP MACADAMIA NUT COOKIES:
100 g grob gehackte Macadamianüsse (gesalzen oder ungesalzen)
100 g gehackte weiße Schokokuvertüre oder Chunks

FÜR CHOCOLATE CHIP COOKIES MIT SMARTIES:
200 g Schokotröpfchen
200 g Smarties/M&Ms

1. Den Backofen auf 190 °C Ober-/Unterhitze (170 °C Umluft) vorheizen.
2. 2–3 Backbleche mit Backpapier auslegen.
3. Die Butter in einem Topf schmelzen, dann abkühlen lassen. Mit den 2 Zuckersorten, dem Vanilleextrakt und den Eiern in eine Schüssel geben und mit dem Handmixer ca. 3 Minuten cremig aufschlagen.
4. In einer weiteren Schüssel Mehl, Speisestärke, Natron und Salz vermischen, für die Double Chocolate Chip Cookies an dieser Stelle den Backkakao (und weniger Mehl) zufügen. Die trockenen Zutaten zur Buttermischung geben und alles zu einem Teig verarbeiten.
5. Zum Schluss die Zutaten für die jeweilige Sorte kurz unterrühren (dabei eine Handvoll der Zutaten beiseite stellen und später auf die Kekse streuen).
6. Mithilfe eines Eisportionierers etwa 5–6 Teigklekse mit Abstand zueinander auf jedes Backblech setzen und mit den Händen etwas flach drücken (dafür die Finger leicht anfeuchten). Wer keinen Eisportionierer hat, nimmt 2 Esslöffel.

FÜR DOUBLE CHOCOLATE CHIP COOKIES:

100 g gehackte Zartbitterkuvertüre oder Chunks
100 g gehackte weiße Kuvertüre oder Chunks
50 g Backkakao (dafür 50 g weniger Mehl)

7. Die beiseite gelegten Zutaten auf die Kekse streuen und Kekse im Backofen 8–10 Minuten backen, bis die Ränder leicht braun werden. Cookies dabei im Blick behalten, da jeder Backofen anders ist. In der Mitte sollten die Kekse noch recht hell sein.
8. Die Kekse aus dem Backofen nehmen und etwa 15 Minuten auf dem Backblech auskühlen lassen. Dann am besten gleich genießen. Luftdicht verpackt halten sich die Kekse einige Tage.

Info:

Die Mengen der zusätzlichen Zutaten sind genau auf die Teigmenge abgestimmt. Falls du aber zum Beispiel 2 Sorten aus dem Teig zubereiten möchtest, musst du nur die Hälfte der Zusatzzutaten einplanen.

Tipp:

Die Eier dürfen keinesfalls kalt sein, sondern müssen Zimmertemperatur haben, denn so verbinden sich die Zutaten besser.

https://m-vg.de/link/party-05

Bienenstich-Cupcakes

ERGIBT: 12 STÜCK • ZUBEREITUNG: CA. 30 MINUTEN • BACKZEIT: CA. 25 MINUTEN • KÜHLZEIT: 1 STUNDE

ZUTATEN

TEIG:
200 g Weizenmehl
40 g gem. Mandeln
2 TL Backpulver
2 Eier
150 g Zucker
1 TL Vanilleextrakt
1 Prise Salz
80 ml Öl
50 ml Milch
50 ml Sprudelwasser

AUSSERDEM:
100 g blanchierte, gehobelte Mandeln
2 EL Butter

CREME:
400 ml Schlagsahne
1 Pck. Paradiescremepulver (Vanillegeschmack)

1. Den Backofen auf 170 °C Ober-/Unterhitze (150 °C Umluft) vorheizen und ein Muffinblech mit 12 Papierförmchen auslegen.
2. Für den Teig Mehl, gemahlene Mandeln und Backpulver in einer Schüssel vermischen. In einer zweiten Schüssel Eier, Zucker, Vanilleextrakt und Salz mit dem Handmixer schaumig schlagen. Dann Öl, Milch und Sprudelwasser unterrühren. Die Mehlmischung darübersieben und einarbeiten.
3. Den Teig mit einem Eisportionierer oder 2 Esslöffeln in die Papierförmchen verteilen und die gehobelten Mandeln darüberstreuen. Muffins im Backofen ca. 25 Minuten backen. Stäbchenprobe nicht vergessen!
4. Die Butter in einem kleinen Topf schmelzen und sofort auf die fertig gebackenen Muffins streichen. Anschließend Muffins komplett abkühlen lassen.
5. Währenddessen für die Creme Schlagsahne mit dem Paradiescremepulver in eine Schüssel geben und mit dem Handmixer steif schlagen. Dann 1 Stunde kühl stellen.
6. Das Muffinpapier vorsichtig entfernen und die Muffins einmal waagerecht durchschneiden. Creme in einen Spritzbeutel mit Sterntülle füllen und auf den unteren Teil der Muffins spritzen. Die obere Hälfte wieder aufsetzen. Cupcakes sofort servieren oder bis zum Verzehr kühl stellen.

https://m-vg.de/link/party-06

Kuchensticks

ERGIBT: 30 STÜCK (1 SPRINGFORM [22 CM Ø]) • ZUBEREITUNG: 45 MINUTEN • BACKZEIT: CA. 30 MINUTEN

ZUTATEN

250 g Weizenmehl
2 TL Backpulver
150 g weiche Butter
150 g Zucker
1 TL Vanilleextrakt
1 Prise Salz
2 Eier
60 ml Milch

AUSSERDEM:
Butter zum Einfetten
12 Holzstäbchen
ca. 300 g Schokolade (Vollmilch, zartbitter oder weiß) oder ca. 300 g Brotaufstrich (Nutella, Lotuscreme, Haselnusscreme etc.)
Kekse, Pralinen, Schokoriegel, Streusel, Schokostückchen zum Garnieren

1. Den Backofen auf 175 °C Ober-/Unterhitze (155 °C Umluft) vorheizen und eine Springform mit Backpapier auslegen und etwas einfetten.
2. Mehl und Backpulver in einer Schüssel vermischen. In einer zweiten Schüssel Butter, Zucker, Vanilleextrakt und Salz mit dem Handmixer ca. 3 Minuten cremig rühren. Die Eier nach und nach untermischen. Dann die Milch zugeben. Mehlmischung löffelweise unter die Masse rühren.
3. Den Teig in die Form geben und glatt streichen. Im Backofen ca. 30 Minuten backen. Kuchen herausnehmen, auskühlen lassen und dann in 12 Stücke schneiden.
4. Die Kuchenstücke mit etwas Abstand zueinander auf ein Backpapier legen und jeweils 1 Holzstäbchen mittig in jedes Stück stecken.
5. Die Schokolade oder die Aufstriche in einem Topf schmelzen, die Kuchenstücke damit bestreichen und mit Keksen, Pralinen, Schokoriegeln, Streuseln etc. garnieren.

Tipps

Beim Verzieren der Kuchenstücke kannst du deiner Kreativität freien Lauf lassen. Für einen Kindergeburtstag eignen sich bunte Streusel wunderbar oder du nimmst passend zu dem Lotusaufstrich Lotuskekse … Mein Favorit ist zum Beispiel die Kombination von Haselnusscreme und Giottokugeln.

Für einen Schokokuchen kannst du 50 g Mehl durch Backkakao ersetzen, für einen Nusskuchen durch 50 g gemahlene Nüsse.

Esras Lieblings-Schokotorte

ERGIBT: 1 SPRINGFORM (26 CM Ø) • ZUBEREITUNG: 1 STUNDE •
BACKZEIT: 30 MINUTEN • KÜHLZEIT: 2 ½ STUNDEN

ZUTATEN

BISKUITTEIG:
6 Eier
240 g Zucker
240 g Weizenmehl
30 g Backkakao
1 Pck. Backpulver

CREME:
1200 ml Schlagsahne
6 EL Backkakao
6 Pck. Sahnesteif
6 EL Zucker

AUSSERDEM:
50 g Schokoladenkuvertüre
ca. 12 Ferrero-Rocher-Pralinen
50 g gehackte Haselnüsse

https://m-vg.de/link/party-07

1. Den Backofen auf 170 °C Ober-/Unterhitze (150 °C Umluft) vorheizen und die Springform mit Backpapier auskleiden.
2. Für den Teig Eier und Zucker in eine Schüssel geben und mit dem Handmixer ca. 6 Minuten schaumig aufschlagen. Mehl, Backkakao und Backpulver in einer zweiten Schüssel vermischen und über die Eimasse sieben. Mit einem Teigschaber unterheben. Den Teig in die Springform füllen und ca. 30 Minuten im Ofen backen. Stäbchenprobe nicht vergessen! Kuchen aus dem Ofen nehmen, komplett auskühlen lassen, aus der Form heben und anschließend waagerecht 2-mal durchschneiden.
3. Alle Zutaten für die Creme in eine Schüssel geben und mit dem Handmixer steif schlagen. Circa 7 EL von der Creme in einen Spritzbeutel mit Sterntülle füllen und bis zum Gebrauch kühl stellen.
4. Den ersten Kuchenboden auf eine Tortenplatte setzen und mit einem Tortenring umschließen. ⅓ der Creme auf den Kuchenboden streichen, den zweiten Kuchenboden aufsetzen und die Hälfte der restlichen Creme darauf verteilen. Nun den letzten Kuchenboden aufsetzen und Torte mindesten 2 Stunden oder über Nacht in den Kühlschrank stellen.
5. Den Tortenring vorsichtig entfernen und die Torte rundherum dünn mit der restlichen Creme bestreichen.
6. Die Schokoladenkuvertüre in einem Topf schmelzen. Mithilfe eines Teelöffels am Rand der Torte Schokolade herunterfließen lassen.
7. Die Torte mit der Creme im Spritzbeutel verzieren und anschließend mit Pralinen sowie gehackten Haselnüssen garnieren. Bis zum Verzehr kühl stellen.

Cupcakes mit Mascarponecreme und Schokocreme

ERGIBT: 12 STÜCK • ZUBEREITUNG: 35 MINUTEN • BACKZEIT: 25 MINUTEN • KÜHLZEIT: 1 STUNDE

ZUTATEN

TEIG:
2 Eier
125 g Zucker
60 ml Öl
60 ml Sprudelwasser
200 g Weizenmehl
½ Pck. Backpulver
1 Prise Salz

MASCARPONECREME:
250 g Mascarpone
2 EL Zucker
etwas Vanilleextrakt
200 ml Schlagsahne
2 Pck. Sahnesteif

SCHOKOCREME:
50 g Zartbitterschokolade
100 g Mascarpone
2 EL Backkakao
1 EL Zucker
400 ml Schlagsahne
2 Pck. Sahnesteif

AUSSERDEM:
Macarons, Pralinen und Früchte zum Garnieren

1. Den Backofen auf 180 °C Ober-/Unterhitze (160 °C Umluft) vorheizen und ein Muffinblech mit 12 Papierförmchen auslegen.
2. Für den Teig Eier und Zucker in eine Schüssel geben und mit dem Handmixer schaumig schlagen. Öl und Sprudelwasser unterrühren.
3. In einer weiteren Schüssel Mehl, Backpulver und Salz vermischen, über die Eiermischung sieben und schnell verrühren. Teig mit einem Eisportionierer oder zwei Esslöffeln in die Förmchen verteilen und ca. 25 Minuten im Ofen backen. Stäbchenprobe nicht vergessen! Muffins aus dem Ofen holen und gut auskühlen lassen.
4. Für die Mascarponecreme Mascarpone, Zucker und Vanilleextrakt in einer Schüssel kurz verrühren, dann Schlagsahne und Sahnesteif zugeben und alles mit dem Handmixer steif schlagen.
5. Für die Schokocreme die Schokolade in einer Küchenmaschine fein mahlen. Dann in eine Schüssel umfüllen und mit Mascarpone, Backkakao und Zucker kurz verrühren. Schlagsahne und Sahnesteif zugeben und alles gut steif schlagen.
6. Beide Cremes mindestens 1 Stunde kühl stellen.
7. Nun die gewählte Creme in einen Spritzbeutel mit Sterntülle füllen und die Muffins damit bespritzen, anschließend mit Macarons, Pralinen sowie Früchten garnieren. Sofort servieren oder bis zum Verzehr kühl stellen.

Tipp

Wer den Teig etwas schokoladiger haben möchte, ersetzt 40 g Mehl durch Backkakao.

Info

Die beiden Cupcake-Cremes reichen jeweils für 12 Muffins. Willst du beide Sorten zubereiten, jeweils nur die Hälfte der Zutaten einplanen.

Kinder-Bueno-White-Haselnuss-Torte

ERGIBT: 1 SPRINGFORM (26 CM Ø) • ZUBEREITUNG: 1 STUNDE • BACKZEIT: 30 MINUTEN • KÜHLZEIT: 4 STUNDEN 10 MINUTEN

ZUTATEN

BISKUITTEIG:
6 Eier
240 g Zucker
240 g Weizenmehl
30 g gemahlene Haselnüsse
1 Pck. Backpulver

CREME:
500 g Mascarpone
4 EL helle Haselnusscreme (z. B. Gürsoy aus dem türkischen Supermarkt)
2 EL gem. Haselnüsse
etwas Vanilleextrakt
800 ml Schlagsahne
7 Pck. Sahnesteif
6 Kinder-Bueno-White-Riegel
50 g gehackte Haselnüsse

AUSSERDEM:
3–4 EL helle Haselnusscreme
blanchierte ganze Haselnüsse und Kinder-Bueno-White-Riegel zum Garnieren

1. Den Backofen auf 170 °C Ober-/Unterhitze (150 °C Umluft) vorheizen und die Springform mit Backpapier auskleiden.

2. Für den Teig Eier und Zucker in eine Schüssel geben und 6 Minuten mit dem Handmixer schaumig schlagen. Mehl, gemahlene Haselnüsse und Backpulver in einer zweiten Schüssel vermischen und auf die Eimasse sieben. Anschließend mit einem Teigschaber unterheben. Den Teig in die Springform füllen und ca. 30 Minuten im Ofen backen. Stäbchenprobe nicht vergessen! Aus dem Ofen nehmen und ganz abkühlen lassen.

3. Für die Creme Mascarpone, Haselnusscreme, gemahlene Haselnüsse und Vanilleextrakt in eine Schüssel geben und kurz miteinander verrühren. Dann Schlagsahne und Sahnesteif zufügen und das Ganze mit dem Handmixer zu einer festen Creme aufschlagen. ⅓ der Creme beiseite stellen und bis zum Gebrauch kühl stellen.

4. Die Bueno-Riegel in einer Küchenmaschine pürieren und mit den gehackten Haselnüssen unter die restliche Creme mischen. Bis zur Weiterverarbeitung kühl stellen.

5. Den abgekühlten Biskuit aus der Form nehmen und 2-mal waagerecht durchschneiden. Den ersten Kuchenboden auf eine Tortenplatte legen und mit einem Tortenring umschließen. Die Hälfte der Creme mit den Bueno-Riegeln daraufstreichen, den zweiten Boden aufsetzen und die restliche Creme obenauf geben. Anschließend den letzten Boden aufsetzen, etwas andrücken und die Torte mindestens 4 Stunden oder besser über Nacht kühl stellen.

6. Den Tortenring vorsichtig entfernen, die Torte rundherum mit der beiseite gelegten Creme einstreichen. Übrige Creme in einen Spritzbeutel mit Sterntülle füllen und kühl stellen.

7. Die Haselnusscreme in einem Topf schmelzen. Mit einem Löffel erst am Rand der Torte etwas Creme herunterfließen lassen, dann auf der gesamten Torte verteilen. Torte noch 10 Minuten kühl stellen, damit die Haselnusscreme fest wird.

8. Die ganzen Haselnüsse grob zerkleinern und die Torte mit der Creme im Spritzbeutel, Bueno-Riegel-Stückchen und den zerkleinerten Haselnüssen garnieren. Sofort servieren oder bis zum Verzehr kühl stellen.

https://m-vg.de/link/party-08

Käsekuchen-Muffins

ERGIBT: 12 STÜCK • ZUBEREITUNG: 30 MINUTEN • BACKZEIT: CA. 25 MINUTEN

ZUTATEN

KEKSBODEN:
100 g Butterkekse oder Lotuskekse
50 g Butter

BELAG:
250 g Speisequark
100 g Zucker
50 ml Öl
30 g Speisestärke
1 TL Vanilleextrakt
2 Eier

FRUCHTSOSSE:
150 g Beeren (Erdbeeren oder Himbeeren)
4 EL Wasser
3 EL Zucker
1 EL Speisestärke

CREMEGARNITUR:
100 g Nutella, helle Haselnusscreme oder Lotuscreme

AUSSERDEM:
Früchte, Kekse, Pralinen oder Schokoriegel zum Garnieren

1. Backofen auf 175 °C Ober-/Unterhitze (155 °C Umluft) vorheizen.
2. Für den Keksboden die Kekse in der Küchenmaschine fein mahlen und in eine Schüssel umfüllen. Die Butter in einem Topf schmelzen und dann gut mit den Kekskrümeln vermischen.
3. Ein Muffinblech mit 12 Papierförmchen auslegen, die Keksmasse in die Förmchen verteilen und mit einem Glas oder einem Löffel fest andrücken.
4. Für den Belag Quark, Zucker, Öl, Speisestärke und Vanilleextrakt in einer Schüssel mit dem Handmixer cremig rühren. Die Eier nach und nach einarbeiten. Den Belag in die Förmchen verteilen und Muffins ca. 25 Minuten im Ofen backen.
5. Die Käsekuchen-Muffins in einem nächsten Schritt entweder mit einer Fruchtsoße oder mit Nutella, Haselnusscreme oder Lotuscreme garnieren.
6. Für die Fruchtsoße die Beeren waschen und gegebenenfalls entstielen. Mit den restlichen Zutaten in einem Mixer pürieren. Fruchtpüree in einen kleinen Topf umfüllen und bei mittlerer Hitze aufkochen. Anschließend sofort auf die Muffins geben.
7. Für die Cremevariante Nutella, Haselnusscreme oder Lotuscreme in einem Topf schmelzen und auf den Muffins verteilen.
8. Muffins dann sofort passend zur ausgesuchten Creme mit Früchten, Keksen, Pralinen oder Schokoriegeln garnieren.

Choco-Fresh-Torte

ERGIBT: 1 SPRINGFORM (24 CM Ø) • ZUBEREITUNG: 1 STUNDE • BACKZEIT: 30 MINUTEN • KÜHLZEIT: 4 STUNDEN 10 MINUTEN

ZUTATEN

BISKUITTEIG:
6 Eier
240 g Zucker
240 g Weizenmehl
30 g Backkakao
1 Pck. Backpulver

NUSSCREME:
250 g Mascarpone
3 EL helle Haselnusscreme
3 EL gem. Haselnüsse
300 ml Schlagsahne
3 Pck. Sahnesteif

WEISSE CREME:
500 g Mascarpone
600 ml Schlagsahne
5 Pck. Sahnesteif
5 EL Zucker
1 TL Vanilleextrakt

DRIP:
50 ml Schlagsahne
100 g Zartbitterschokolade

AUSSERDEM:
ca. 7–8 Choco-Fresh-Riegel
50 g gehackte Haselnüsse

1. Den Backofen auf 170 °C Ober-/Unterhitze (150 °C Umluft) vorheizen und eine Springform mit Backpapier auskleiden.
2. Für den Biskuit die Eier mit dem Zucker in eine Schüssel geben und 6 Minuten mit dem Handmixer schaumig aufschlagen. Mehl, Backkakao und Backpulver in einer zweiten Schüssel vermischen, auf die Eimasse sieben und anschließend mit einem Teigschaber unterheben. Den Teig in die Springform füllen und ca. 30 Minuten im Ofen backen. Stäbchenprobe nicht vergessen!
3. Biskuit aus dem Ofen nehmen, abkühlen lassen, aus der Form heben und anschließend 2-mal waagerecht durchschneiden.
4. Für die Nusscreme Mascarpone, Haselnusscreme und gemahlene Haselnüsse in einer Schüssel kurz verrühren. Dann Schlagsahne und Sahnesteif dazugeben und alles zu einer festen Creme aufschlagen.
5. Für die weiße Creme alle Zutaten in eine Schüssel geben und cremig rühren.
6. Den ersten Kuchenboden auf eine Tortenplatte setzen und mit einem Tortenring umschließen. Die Nusscreme daraufstreichen, den zweiten Kuchenboden aufsetzen und die Hälfte der weißen Creme darauf verteilen. Nun den letzten Boden aufsetzen und die Torte mindestens 4 Stunden oder über Nacht kühl stellen. Die restliche weiße Creme ebenfalls kühl stellen.

7. Den Tortenring vorsichtig entfernen und die Torte rundherum dünn mit der weißen Creme einstreichen. Die restliche Creme in einen Spritzbeutel mit Sterntülle füllen.
8. Für den Drip die Schlagsahne in einem Topf erhitzen. Topf vom Herd nehmen. Die Schokolade klein hacken, zu der Sahne geben und ca. 5 Minuten mit aufgelegtem Deckel schmelzen. Danach Masse glatt verrühren und kurz auskühlen lassen.
9. Nun die Schokomischung mithilfe eines Teelöffels an den Seiten der Torte etwas herunterfließen lassen und dann auf der gesamten Tortenoberfläche verteilen. Die Torte 10 Minuten in den Kühlschrank stellen.
10. Torte mit der Creme im Spritzbeutel, Choco-Fresh-Riegeln und gehackten Haselnüssen garnieren. Bis zum Verzehr kühl stellen.

EINFACH UND SCHNELL

Schnelle Apfeltaschen

ERGIBT: 12 STÜCK • ZUBEREITUNG: 25 MINUTEN •
BACKZEIT: 17–20 MINUTEN

ZUTATEN

6 TK-Blätterteigplatten

FÜLLUNG:
3 mittelgroße Äpfel
2 EL Zucker
½ TL Zimt

AUSSERDEM:
1 Eigelb
1 TL Milch
Puderzucker

1. Die Blätterteigplatten auftauen lassen und jeweils einmal halbieren, sodass 12 Quadrate entstehen.
2. Für die Füllung die Äpfel schälen, entkernen und in kleine Würfel schneiden. Mit Zucker und Zimt in eine Pfanne geben, vermischen und bei mittlerer Hitze ca. 5 Minuten garen. Dann abkühlen lassen.
3. Den Backofen auf 180 °C Ober-/Unterhitze (160 °C Umluft) vorheizen.
4. Das Eigelb in einer Tasse mit der Milch vermischen.
5. In die Mitte jedes Quadrats etwas von der Füllung geben. Die Teigränder mit der Eigelbmischung bestreichen. Dann die Teigstücke zu einem Rechteck oder Dreieck zusammenklappen und die Ränder mit einer Gabel festdrücken.
6. Apfeltaschen mit etwas Abstand zueinander auf ein mit Backpapier ausgelegtes Backblech legen und mit der restlichen Eigelbmischung bestreichen. Dann in 17–20 Minuten im Ofen goldgelb backen.
7. Die Apfeltaschen abkühlen lassen, anschließend mit Puderzucker bestäuben und servieren.

Kokosbällchen

ERGIBT: 30 STÜCK • ZUBEREITUNG: 30 MINUTEN •
KÜHLZEIT: 1 STUNDE

ZUTATEN

1 Dose gezuckerte Kondensmilch (400 g)
150 g Kokosraspel
50 g gem. blanchierte Mandeln

AUSSERDEM:

30 ganze blanchierte Mandeln
100 g Kokosraspel

1. Die drei Zutaten in einer Schüssel sehr gut miteinander verrühren, anschließend 1 Stunde in den Kühlschrank stellen.
2. Nach der Kühlzeit walnussgroße Stücke von der Masse abnehmen und in der Hand etwas platt drücken. Jeweils 1 Mandel hineinlegen und dann Masse zu einer Kugel formen. Kokosraspel auf einen Teller streuen, die Kugeln jeweils darin wälzen und dann sofort servieren oder bis zum Verzehr kühl stellen.
3. Die Bällchen halten sich 3–4 Tage im Kühlschrank.

Joghurtdessert mit Himbeeren und Erdbeeren

ERGIBT: 6 GLÄSER • ZUBEREITUNG: 15 MINUTEN • KÜHLZEIT: 1 STUNDE

ZUTATEN

150 g beliebige Kekse

CREME:
400 ml Schlagsahne
3 EL Zucker
300 g griechischer Joghurt (10 % Fett)

FRUCHTSOSSE:
300 g Himbeeren
100 g Erdbeeren
2 EL Zucker

AUSSERDEM:
Himbeeren, Erdbeeren und Minzeblättchen zum Garnieren

1. Die Kekse mit einem Teigroller fein zerbröseln und in 6 Dessertgläser verteilen. Ich nehme für dieses Rezept gerne Weizenvollkornkekse wie zum Beispiel die McVitie's Digestive-Kekse.
2. Für die Creme die Schlagsahne und den Zucker in eine Schüssel geben und mit dem Handmixer steif schlagen. Anschließend den Joghurt unterrühren. Creme sofort auf den Keksbröseln verteilen.
3. Für die Fruchtsoße die Beeren vorsichtig waschen und entstielen. Mit dem Zucker in eine Schüssel geben und mit einem Stabmixer fein pürieren. Soße auf die Creme löffeln.
4. Desserts mit frischen Himbeeren, Erdbeeren und Minzeblättchen garnieren. Vor dem Servieren mindestens 1 Stunde kühl stellen.

Tipp:

Für die Fruchtsoße kannst du statt frischer auch TK-Beeren verwenden.

Tiramisu im Glas

ERGIBT: 6 GLÄSER • ZUBEREITUNG: 20 MINUTEN • KÜHLZEIT: 4 STUNDEN

ZUTATEN

400 ml Schlagsahne
2 Pck. Sahnesteif
250 g Mascarpone
3 EL Zucker
1 TL Vanilleextrakt
250 ml kalter Kaffee
18 Löffelbiskuits

AUSSERDEM:

2 EL Backkakao zum Bestäuben

1. Schlagsahne und Sahnesteif in eine Schüssel geben und mit dem Handmixer steif schlagen. In einer zweiten Schüssel Mascarpone, Zucker und Vanilleextrakt cremig rühren. Die Sahne mit einem Teigschaber unter die Mascarponemasse heben.
2. Den Kaffee in eine Schüssel gießen. Die Löffelbiskuits passend für die Dessertgläser zurechtbrechen, in den Kaffee eintauchen und abwechselnd mit der Creme in 6 Gläser schichten. Desserts mindestens 4 Stunden kühl stellen.
3. Vor dem Servieren Desserts mit Kakaopulver bestäuben.

Tipp:

Wenn du die Creme in einen Spritzbeutel füllst, kannst du die Gläser besser damit befüllen und das Ergebnis sieht schöner aus.

Pancakes / Pancakespieße

ERGIBT: 30 PANCAKES ODER 15 SPIESSE • ZUBEREITUNG: 20 MINUTEN • BACKZEIT: CA. 30 MINUTEN

ZUTATEN

330 g Weizenmehl
1 Pck. Backpulver
2 Eier
3 EL Zucker
1 TL Vanilleextrakt
300 ml Milch
1 EL Öl

SPIESSE:

ca. 700 g Früchte
ca. 100 g Nutella, Haselnusscreme oder Lotuscreme
15 lange Holzspieße

AUSSERDEM:

Öl zum Ausbacken
etwas Puderzucker

1. Mehl und Backpulver in einer Schüssel mischen. Eier, Zucker und Vanilleextrakt in eine zweite Schüssel geben und mit dem Schneebesen cremig rühren. Milch und Öl einarbeiten, dann die Mehlmischung zufügen und alles gut vermischen.
2. Eine Pfanne mit etwas Öl auf mittlerer Stufe erhitzen und nacheinander aus dem Teig Pancakes backen.
3. Für große Pancakes jeweils 1 EL Teig in die Pfanne geben und für Minipancakes ½ Teelöffel. Die Pancakes so lange braten, bis die Oberseite von Bläschen bedeckt ist, dann wenden und fertig backen.
4. Um Pancakespieße zu machen, die Früchte waschen und bei Bedarf entsteinen. Kleineren Früchte ganz lassen und größeren in Stücke schneiden. Die Pancakes mit etwas Nutella, Haselnusscreme oder Lotuscreme bestreichen und abwechselnd mit den Früchten auf Holzspieße stecken.
5. Pancakes/Pancakespieße mit etwas Puderzucker bestäuben und servieren.

https://m-vg.de/link/party-09

Tipp:

Die Menge reicht für 15 lange Holzspieße. Wenn du kleinere Spieße nimmst, werden es entsprechend mehr.

Raffaello-Tiramisu

ERGIBT: 6–9 GLÄSER • ZUBEREITUNG: 20 MINUTEN • KÜHLZEIT: 3 STUNDEN

ZUTATEN

10 Raffaello-Kugeln
250 g Mascarpone
400 ml Schlagsahne
400 ml Kokosmilch aus der Dose
2 EL Zucker
4 EL Kokosraspel
12–18 Löffelbiskuits

AUSSERDEM:
Raffaello-Kugeln, Beeren und Kokosraspel zum Garnieren

1. Die Raffaello-Kugeln in einer Küchenmaschine pürieren. Mascarpone, Sahne, 200 ml Kokosmilch, Zucker und Kokosraspel in einer Schüssel mit dem Schneebesen cremig aufschlagen, dann die pürierte Kokosmasse unterrühren.
2. Die restliche Kokosmilch in eine Schüssel füllen und die Löffelbiskuits passend zerbrechen und beidseitig kurz eintauchen. Abwechselnd mit der Creme in 6 große oder 9 mittelgroße Dessergläser schichten.
3. Desserts zum Schluss mit Raffaello-Kugeln, Beeren und Kokosraspel garnieren. Mindestens 3 Stunden kühl stellen und dann servieren.

Tipp:

Wenn du die Creme in einen Spritzbeutel füllst und in die Gläser spritzt, wird das Ergebnis sauberer und schöner!

Wenn du kein Glasdessert haben möchtest, kannst du die doppelte Menge zubereiten und das Tiramisu in einer Auflaufform schichten.

Schokomuffins

ERGIBT: 12 STÜCK • ZUBEREITUNG: 20 MINUTEN • BACKZEIT: 25 MINUTEN

ZUTATEN

2 Eier
125 g Zucker
60 ml Öl
60 ml Sprudelwasser
150 g Weizenmehl
50 g Backkakao
½ Pck. Backpulver
1 Prise Salz
100 g Schokotröpfchen

1. Den Backofen auf 180 °C Ober-/Unterhitze (160 °C Umluft) vorheizen und ein Muffinblech mit 12 Papierförmchen auslegen.
2. Eier und Zucker in eine Schüssel geben und mit dem Handmixer schaumig aufschlagen. Dann Öl und Sprudelwasser unterrühren. Mehl, Backkakao, Backpulver und Salz in einer zweiten Schüssel vermischen, über die Eiermasse sieben und schnell unterrühren. Zum Schluss die Schokotröpfchen unterheben.
3. Teig mit einem Eisportionierer oder 2 Esslöffeln in die Förmchen verteilen und ca. 25 Minuten im Ofen backen. Stäbchenprobe nicht vergessen!

Veganer Schokokuchen

ERGIBT: 1 SPRING- ODER KASTENFORM (26 CM Ø/28 × 19 CM) • ZUBEREITUNG: 10 MINUTEN • BACKZEIT: 35 MINUTEN

ZUTATEN

320 g Weizenmehl
80 g Backkakao
2 TL Backpulver
320 g Zucker
1 Prise Salz
440 ml warmes Wasser
160 ml Öl
etwas Vanilleextrakt
1 EL Apfelessig

AUSSERDEM:
Puderzucker
oder ca. 150 g vegane Schokolade (nach Belieben)
gehackte Nüsse und Früchte

1. Den Backofen auf 180 °C Ober-/Unterhitze (160 °C Umluft) vorheizen. Die Backform mit Backpapier auskleiden.
2. Mehl, Backkakao und Backpulver in eine Schüssel sieben und mit einem Schneebesen vermischen. Zucker und Salz unterrühren. Nun die restlichen Zutaten zugeben und mit dem Schneebesen oder einem Handmixer zu einem glatten Teig verrühren. Den Teig in die Form füllen und ca. 35 Minuten im Ofen backen. Stäbchenprobe nicht vergessen!
3. Den Kuchen etwas abkühlen lassen und mit dem Backpapier aus der Form heben. Papier entfernen und Kuchen auf eine Platte setzen. Mit Puderzucker bestäuben oder die Schokolade zerbrechen, in einem Topf bei geringer Hitze schmelzen und den Kuchen damit überziehen und mit gehackten Nüssen sowie Früchten garnieren.

Tipp:

Mit diesem Rezept kannst du auch Muffins backen. Die Menge reicht für 24 Muffins und die Backzeit beträgt 25 Minuten!

Wenn du willst, kannst du in den Kuchenteig noch gehackte Nüsse, Schokolade oder Früchte geben.

No-Bake-Buchstaben-/Zahlen-Torte

ERGIBT: 1 ZAHL ODER BUCHSTABEN • ZUBEREITUNG: 30 MINUTEN • KÜHLZEIT: 4 STUNDEN

ZUTATEN

500 g Mascarpone
600 ml Schlagsahne
5 EL Zucker
6 Pck. Sahnesteif
1 TL Vanilleextrakt
ca. 300–400 g Löffelbiskuits
300 ml kalter Kaffee, Kakao, Milch oder Orangensaft

AUSSERDEM:
Früchte, Schokolade, Pralinen, Blüten zum Garnieren (nach Belieben)

1. Den Mascarpone in eine Schüssel geben und kurz mit dem Handmixer verrühren. Schlagsahne, Zucker, Sahnesteif und Vanillezucker dazugeben und das Ganze cremig aufschlagen. Die Creme mindestens 1 Stunde kühl stellen.
2. Auf einer Platte mit den Löffelbiskuits eine Zahl oder einen Buchstaben (Größe etwa wie ein DIN-A4 Blatt) auslegen, dabei unbedingt immer 2 Löffelbiskuits nebeneinanderlegen, das sorgt für einen stabilen Halt. Die Flüssigkeit nach Wahl in eine Schüssel gießen. Anschließend die Biskuits kurz in die Flüssigkeit eintauchen und sofort auf die Platte zurücklegen.
3. Creme in einen Spritzbeutel mit Lochtülle füllen. Mit der Creme gleichmäßige Tuffs auf die Biskuits spritzen. Weitere Löffelbiskuits wieder ganz kurz in die Flüssigkeit tauchen und auf die Cremetupfen legen, dabei leicht andrücken. Nun erneut Cremetupfen aufspritzen.
4. Die Torte mindestens 3 Stunden kühl stellen und dann mit Zutaten nach Belieben garnieren

Giottodessert im Glas

ERGIBT: 6 GLÄSER • ZUBEREITUNG: 15 MINUTEN • KÜHLZEIT: 1 STUNDE

ZUTATEN

36 Giotto-Kugeln
250 g Mascarpone
3 EL helle Haselnusscreme
600 ml Schlagsahne
3 Pck. Sahnesteif
3 EL gehackte Haselnüsse

AUSSERDEM

Giotto-Kugeln und gehackte Haselnüsse zum Garnieren

1. Die Giottokugeln in eine Schüssel geben und mit einer Gabel grob zerdrücken.
2. Mascarpone in einer zweiten Schüssel kurz mit der Haselnusscreme verrühren, anschließend Schlagsahne und Sahnesteif zufügen und Masse mit dem Handmixer cremig aufschlagen. Die gehackten Haselnüsse unterheben und Creme in einen Spritzbeutel mit großer Sterntülle füllen.
3. Die Hälfte der Creme in 6 Dessertgläser spritzen, die zerdrückten Giotto-Kugeln darauf verteilen, dann die restliche Creme daraufgeben. Die Desserts mit Giotto-Kugeln und gehackten Haselnüssen garnieren. Mindestens 1 Stunde kühl stellen.

FINGERFOOD

Pesto-Franzbrötchen

ERGIBT: 15 STÜCK • ZUBEREITUNG: 30 MINUTEN •
GEHZEIT: 1 STUNDE 15 MINUTEN • BACKZEIT: 25–30 MINUTEN PRO BLECH

ZUTATEN

HEFETEIG:
250 ml lauwarmes Wasser
½ Würfel frische Hefe oder
1 Pck. Trockenhefe
1 TL Zucker
500 g Weizenmehl
4 EL Olivenöl
1 TL Salz

PESTO:
1 Bund Basilikum
(ca. 1 Topf/40 g)
1 Knoblauchzehe
50 g Parmesan oder
Walnusskerne
50 g Pinienkerne
100 ml Olivenöl
Salz, Pfeffer

AUSSERDEM:
Mehl für die Arbeitsfläche

1. Für den Hefeteig Wasser, Hefe und Zucker in einer Schüssel verrühren, bis sich die frische Hefe aufgelöst hat. Die restlichen Zutaten dazugeben und mit dem Handmixer 5 Minuten verkneten. Den Teig zu einer Kugel formen und abgedeckt an einem warmen Ort ca. 1 Stunde gehen lassen.
2. Für das Pesto das Basilikum waschen, trocken schütteln und den Knoblauch schälen. Alle Pestozutaten in einem Mixer fein pürieren.
3. Den Teig auf einer leicht bemehlten Arbeitsfläche zu einem großen Rechteck ausrollen und gleichmäßig mit dem Pesto bestreichen. Teig von einer Längsseite her eng aufrollen und Rolle mit einem Messer in 15 etwa 2–3 cm breite Scheiben schneiden.
4. Die flachen Scheiben mit einem Holzstiel mittig eindrücken. Franzbrötchen auf 2 mit Backpapier ausgelegte Backbleche legen und weitere 15 Minuten gehen lassen.
5. Den Backofen auf 180 °C Ober-/Unterhitze (160 °C Umluft) vorheizen.
6. Franzbrötchen im Ofen in 25–30 Minuten goldgelb backen.

Tipp:

Um Zeit zu sparen, kannst du auch 1 Glas (190 g) fertiges Pesto alla Genovese aus dem Supermarkt verwenden.

Puddingschnecken

ERGIBT: 18–20 STÜCK • ZUBEREITUNG: 30 MINUTEN • GEHZEIT: 1 STUNDE 30 MINUTEN • BACKZEIT: 25–30 MINUTEN PRO BLECH

ZUTATEN

HEFETEIG:
50 g Butter
550 g Weizenmehl
250 ml lauwarme Milch
1 Eiweiß
4 EL Zucker
1 Prise Salz
1 Pck. Trockenhefe oder ½ Würfel frische Hefe

PUDDING:
400 ml Milch
1 Pck. Vanillepuddingpulver
3 EL Zucker

AUSSERDEM:
Mehl für die Arbeitsfläche
1 Eigelb
1 EL Milch
Puderzucker zum Bestäuben

1. Für den Hefeteig die Butter in einem Topf schmelzen und zusammen mit den restlichen Zutaten in eine Schüssel geben. Mit dem Handmixer zu einem geschmeidigen Teig kneten und abgedeckt ca. 1 Stunde gehen lassen.
2. Den Pudding aus den angegebenen Zutaten nach Packungsanleitung zubereiten (statt 500 ml nur 400 ml Milch verwenden). In eine Schüssel umfüllen und sofort mit Frischhaltefolie abdecken, damit sich keine Haut bildet. Pudding etwas abkühlen lassen.
3. Den Teig auf einer leicht bemehlten Arbeitsfläche zu einem großen Rechteck ausrollen und dann gleichmäßig mit dem Pudding bestreichen. Nun den Teig von einer Längsseite her aufrollen und mit einem Messer die Rolle in 18–20 etwa 2 cm dicke Scheiben schneiden. Schnecken auf 2 mit Backpapier ausgelegte Backbleche legen und abgedeckt weitere 30 Minuten gehen lassen.
4. Backofen auf 180 °C Ober-/Unterhitze (160 °C Umluft) vorheizen.
5. Eigelb und Milch in einer Tasse verrühren und die Schnecken damit bestreichen.
6. Im Ofen in 25–30 Minuten goldgelb backen.
7. Vor dem Servieren Schnecken abkühlen lassen und mit Puderzucker bestäuben.

https://m-vg.de/link/party-10

Knoblauchbrot

ERGIBT: 4–5 PORTIONEN • ZUBEREITUNG: CA. 15 MINUTEN • BACKZEIT: 10–15 MINUTEN

ZUTATEN

2 Baguettes oder Ciabattas
5 Knoblauchzehen
½ Bund Petersilie
200 g weiche Butter
¼ TL Salz

1. Den Backofen auf 200 °C Ober-/Unterhitze (180 °C Umluft) vorheizen.
2. Die Baguettes oder Ciabattas in 3–4 cm dicke Scheiben schneiden.
3. Knoblauch schälen und in eine Schüssel pressen. Petersilie waschen, trocken schütteln und fein hacken. Zusammen mit der Butter und dem Salz zum Knoblauch geben und gründlich vermischen.
4. Die Brotscheiben auf einer Seite mit der Buttermischung bestreichen und dann mit der nicht bestrichenen Seite auf ein mit Backpapier ausgelegtes Backblech legen.
5. Brote im Ofen in 10–15 Minuten goldbraun backen und dann sofort servieren.

Tipp:

Ich reiche dazu gerne den Avocado-Dip von Seite 55.

Bruschetta

ERGIBT: 30 STÜCK • ZUBEREITUNG: 20 MINUTEN •
BACKZEIT: CA. 13 MINUTEN

ZUTATEN

2 Baguettes oder Ciabattas
1 Handvoll frische Petersilie
8 EL Olivenöl
1 Zwiebel
3–4 Tomaten
2 Knoblauchzehen
1 kleines Bund Basilikum oder Rucola
Salz, Pfeffer

AUSSERDEM:
Granatapfelsirup oder Balsamicocreme
Basilikumblättchen zum Garnieren

1. Den Backofen auf 200 °C Ober-/Unterhitze (180 °C Umluft) vorheizen.
2. Baguettes oder Ciabattas in ca. 2 cm dicke Scheiben schneiden und auf ein Backblech legen. Die Petersilie waschen, trocken schütteln und fein hacken. In einer Schüssel mit dem Olivenöl vermischen und die Brotscheiben damit bestreichen. Brote im Ofen in ca. 13 Minuten goldbraun backen.
3. Währenddessen die Zwiebel schälen, die Tomaten waschen, beides fein würfeln und in eine Schüssel geben. Den Knoblauch schälen und dazupressen. Den Basilikum oder den Rucola waschen, trocken schütteln, fein hacken und zufügen. Alles gut vermischen und mit Salz und Pfeffer würzen.
4. Die Tomatenmischung auf den Brotscheiben verteilen und mit Granatapfelsirup oder Balsamicocreme sowie Basilikumblättchen garnieren.

Tipp:

Wenn du den Knoblauch nicht roh essen möchte, kannst du ihn durch Knoblauchpulver ersetzen oder ihn mit dem Olivenöl und der Petersilie vermischen und im Ofen backen.

Thunfischwraps

ERGIBT: 8 STÜCK • ZUBEREITUNG: 20 MINUTEN

ZUTATEN

1 Zwiebel
1 Handvoll Petersilie
1 Dose Thunfisch im eigenen Saft (Abtropfgewicht 150 g)
1 Dose Mais (Abtropfgewicht 285 g)
2 EL Frischkäse
4 EL Mayonnaise
Salz, Pfeffer
einige Salatblätter
100 g Minitomaten
4 Tortillas

1. Zwiebel schälen und klein würfeln. Petersilie waschen, trocken schütteln und fein hacken. Beides in eine Schüssel geben. Thunfisch und Mais in einem Sieb abtropfen lassen und untermischen. Dann Frischkäse und Mayonnaise zufügen und alles gut vermengen. Mit Salz und Pfeffer abschmecken.
2. Die Salatblätter und die Tomaten waschen. Die Tomaten vierteln. Die Tortillas jeweils mit ¼ der Thunfischmasse bestreichen. Salatblätter und Tomaten darauf verteilen und dann Tortillas zu Wraps aufrollen. Die Wraps halbieren und servieren.

Une voyage de la
Ce drap de la
cuisine
est très bea
Cadeau
est belle !!

Tipp:

Ich fülle den Guss immer in einen Spritzbeutel, schneide dann die Spitze ab und verziere die Schnecken.

Nussschnecken

ERGIBT: 12 STÜCK • ZUBEREITUNG: 25 MINUTEN •
GEHZEIT: 1 STUNDE 15 MINUTEN • BACKZEIT: 15 MINUTEN

ZUTATEN

HEFETEIG:
- 100 ml lauwarme Milch
- 1/3 Würfel frische Hefe oder 2/3 Pck. Trockenhefe
- 30 g Zucker
- 2 EL Butter
- 300 g Weizenmehl
- 1 Ei

FÜLLUNG:
- 50 g Butter
- 100 g gem. Haselnüsse
- 100 g gehackte Haselnüsse
- 1 TL Zimt
- 5 EL Zucker
- 100 ml Milch

GUSS:
- 100 g Puderzucker
- 2 EL Milch

AUSSERDEM:
- Mehl für die Arbeitsfläche

1. Für den Hefeteig die lauwarme Milch in einer Schüssel mit der Hefe und dem Zucker verrühren, bis sich die frische Hefe aufgelöst hat. Butter in einem Topf schmelzen, mit den restlichen Zutaten zur Hefemilch geben und mit dem Handmixer zu einem geschmeidigen Teig verkneten. Den Teig zugedeckt an einem warmen Ort ca. 1 Stunde gehen lassen.
2. Für die Füllung die Butter in einem Topf schmelzen und in eine Schüssel umfüllen. Mit den restlichen Zutaten vermischen.
3. Den Teig auf einer leicht bemehlten Arbeitsfläche zu einem großen Rechteck ausrollen und gleichmäßig mit der Füllung bestreichen. Teig von einer Längsseite her eng aufrollen. Die Rolle in 12 Scheiben schneiden und mit einem Holzlöffelstiel die flachen Scheiben mittig eindrücken. Diesen Schritt kann man auch auslassen und sie einfach in Scheiben backen. Schnecken auf ein mit Backpapier ausgelegtes Backblech legen und weitere 15 Minuten abgedeckt gehen lassen.
4. Den Backofen auf 180 °C Ober-/Unterhitze (160 °C Umluft) vorheizen.
5. Schnecken im Ofen in 15 Minuten goldgelb backen. Dann herausnehmen und abkühlen lassen.
6. Für den Guss den Puderzucker in einer kleinen Schüssel mit der Milch verrühren und die abgekühlten Schnecken damit verzieren.

https://m-vg.de/link/party-11

Schnelle Pizzaschnecken

ERGIBT: 20 STÜCK • ZUBEREITUNG: 20 MINUTEN • BACKZEIT: CA. 20 MINUTEN

ZUTATEN

TEIG:
250 g Mager- oder Speisequark
250 g Weizenmehl
1 Pck. Backpulver

TOMATENSOSSE:
1 Handvoll frischer Oregano
1 Handvoll frisches Basilikum
200 ml passierte Tomaten
Salz, Pfeffer

BELAG:
Zutaten nach Belieben, z. B. Thunfisch
200 g geriebener Käse

AUSSERDEM:
Mehl für die Arbeitsfläche

1. Für den Teig alle Zutaten in eine Schüssel geben und mit dem Handmixer zu einem Teig verkneten. Auf einer bemehlten Arbeitsfläche zu einem großen Rechteck ausrollen.
2. Backofen auf 200 °C Ober-/Unterhitze (180 °C Umluft) vorheizen.
3. Für die Tomatensoße die Kräuter waschen und trocken schütteln. Mit den restlichen Soßenzutaten in einem Mixer fein pürieren. Soße auf den Teig streichen, mit beliebigen Zutaten belegen und mit dem Käse bestreuen.
4. Den Teig von einer Längsseite her aufrollen und die Rolle mit einem Messer in 20 Scheiben schneiden. Scheiben mit der Schnittfläche nach unten auf ein mit Backpapier ausgelegtes Backblech legen und im Ofen ca. 20 Minuten backen.

KAFFEE- UND KUCHENZEIT

Schokinokuchen

ERGIBT: 1 KASTENFORM (25 × 8 CM) • ZUBEREITUNG: 15 MINUTEN • BACKZEIT: 50–60 MINUTEN

ZUTATEN

150 g zimmerwarme Butter
150 g Zucker
3 Eier
60 ml Milch
½ TL Vanilleextrakt
200 g Weizenmehl
25 g Speisestärke
1 Pck. Backpulver
100 g Schokoblättchen

AUSSERDEM:
Butter und Mehl für die Form
100 g Schokoladenkuvertüre

1. Backofen auf 180 °C Ober-/Unterhitze (160 °C Umluft) vorheizen.
2. Butter und Zucker in einer Schüssel mit dem Handmixer cremig rühren. Die Eier nach und nach einarbeiten. Dann Milch und Vanilleextrakt zufügen. Mehl, Speisestärke und Backpulver in einer Schüssel vermischen, über die Eiermischung sieben und kurz unterrühren. Zum Schluss die Schokoblättchen unterheben.
3. Die Kastenform mit etwas Butter einfetten und mit Mehl ausstreuen. Anschließend den Teig einfüllen. Kuchen im Ofen 50–60 Minuten backen, dabei nach den ersten 15 Minuten Kuchen mit einem scharfen Messer der Länge nach in der Mitte einschneiden, damit er von der Mitte aus schön aufgehen kann. Stäbchenprobe zum Schluss nicht vergessen! Den Kuchen ca. 5 Minuten in der Form auskühlen lassen, dann auf ein Kuchengitter stürzen und komplett abkühlen lassen.
4. Die Schokoladenkuvertüre grob zerteilen, in einem Topf bei milder Hitze schmelzen und den Kuchen komplett damit einstreichen. Vor dem Servieren Überzug trocknen lassen.

Streuselkuchen mit Mandarinen

ERGIBT: 1 SPRINGFORM (26 CM Ø) • ZUBEREITUNG: 25 MINUTEN • BACKZEIT: 50–60 MINUTEN

ZUTATEN

RÜHRTEIG:
250 g Weizenmehl
2 TL Backpulver
125 g weiche Butter
125 g Zucker
1 Prise Salz
1 TL Vanilleextrakt
1 Eiweiß
125 ml Milch

STREUSEL:
150 g Butter
300 g Weizenmehl
100 g Zucker

BELAG:
2 Dosen Mandarinen (Abtropfgewicht 175 g pro Dose)
400 g Schmand
1 Eigelb
1 Pck. Vanillepuddingpulver
4 EL Zucker

AUSSERDEM:
Puderzucker zum Bestäuben

1. Den Backofen auf 180 °C Ober-/Unterhitze (160 °C Umluft) vorheizen. Die Backform mit Backpapier auslegen.
2. Für den Teig Mehl und Backpulver in einer Schüssel vermischen. In einer zweiten Schüssel Butter, Zucker, Salz und Vanilleextrakt mit dem Handmixer schaumig rühren. Eiweiß und Milch untermischen. Die Mehlmischung zugeben und alles zu einem cremigen Teig verarbeiten. Den Rührteig in die Form füllen und glatt streichen.
3. Alle Streuselzutaten in eine Schüssel geben und mit den Knethaken des Handmixers zügig zu Streuseln kneten.
4. Die Mandarinen in einem Sieb abtropfen lassen. Schmand, Eigelb, Puddingpulver und Zucker in einer Schüssel verrühren. Mandarinen unter die Creme heben und die Masse auf dem Rührteig verteilen. Die Streusel darüberstreuen und den Kuchen 50–60 Minuten im Ofen backen.
5. Nach dem Backen den Kuchen auskühlen lassen, aus der Form heben und mit Puderzucker bestäuben.

Heidelbeer-Streusel-Muffins

ERGIBT: 12 STÜCK • ZUBEREITUNG: 20 MINUTEN • BACKZEIT: CA. 25 MINUTEN

ZUTATEN

RÜHRTEIG:
250 g Weizenmehl
2 TL Backpulver
2 Eier
125 g Zucker
1 TL Vanillezucker
1 Prise Salz
50 ml Joghurt
30 ml Öl
200 g Heidebeeren

STREUSEL:
75 g Butter
150 g Weizenmehl
50 g Zucker

AUSSERDEM:
Puderzucker zum Bestäuben

1. Den Backofen auf 170 °C Ober-/Unterhitze (150 °C Umluft) vorheizen und ein Muffinblech mit 12 Papierförmchen auslegen.
2. Für den Teig Mehl und Backpulver in einer Schüssel vermischen. In einer zweiten Schüssel Eier, Zucker, Vanilleextrakt und Salz mit dem Handmixer cremig rühren. Dann Joghurt und Öl einarbeiten. Mehlmischung darübersieben und unterrühren. Heidelbeeren waschen, trocken tupfen und unterheben. Den Teig mit einem Eisportionierer oder zwei Esslöffeln in die Papierförmchen verteilen.
3. Alle Streuselzutaten in einer Schüsselmit den Knethaken des Handmixers zu Streuseln kneten.
4. Die Muffins mit den Streuseln belegen und dann ca. 25 Minuten im Ofen backen. Abkühlen klassen. Mit Puderzucker bestäuben und genießen.

Haselnuss-Rührkuchen

ERGIBT: 1 GUGELHUPFFORM (24–26 CM Ø) • ZUBEREITUNG: 15 MINUTEN • BACKZEIT: 50–60 MINUTEN

ZUTATEN

250 g weiche Butter
250 g Zucker
1 TL Vanilleextrakt
1 Prise Salz
4 Eier
200 ml Schlagsahne
250 g Weizenmehl
1 Pck. Backpulver
150 g gem. Haselnüsse

AUSSERDEM:
Butter und Mehl für die Form
150 g helle Haselnusscreme
50 g Haselnusskerne

1. Backofen auf 180 °C Ober-Unterhitze (160 °C Umluft) vorheizen.
2. Butter, Zucker, Vanilleextrakt und Salz in eine Schüssel geben und mit dem Handmixer ca. 3 Minuten cremig schlagen. Die Eier nach und nach unterrühren. Schlagsahne zufügen. Mehl und Backpulver in einer Schüssel vermischen, über die Eiermasse sieben, die gemahlenen Haselnüsse hineingeben und alles gut verrühren.
3. Eine Gugelhupfform mit etwas Butter einfetten und mit Mehl bestäuben. Dann den Teig einfüllen und 50–60 Minuten im Ofen backen. Stäbchenprobe nicht vergessen!
4. Nach der Backzeit Kuchen ca. 10 Minuten in der Form erkalten lassen und dann auf ein Kuchengitter stürzen. Vollständig auskühlen lassen.
5. Die Haselnusscreme in einem Topf schmelzen und auf dem Kuchen verteilen. Die Haselnüsse grob hacken und den Kuchen damit garnieren.

Zitronenblechkuchen

ERGIBT: 1 BLECH (CA. 30 × 40 CM) • ZUBEREITUNG: 15 MINUTEN • BACKZEIT: CA. 25 MINUTEN

ZUTATEN

TEIG:

250 g weiche Butter
250 g Zucker
etwas Vanilleextrakt
5 Eier
250 g Weizenmehl
1 Pck. Backpulver
2 Bio-Zitronen

GUSS:

1 Bio-Zitrone
250–300 g Puderzucker

1. Backofen auf 160 °C Ober-/Unterhitze (140 °C Umluft) vorheizen.
2. Für den Teig Butter, Zucker und Vanilleextrakt in eine Schüssel geben und mit dem Handmixer cremig rühren. Die Eier nach und nach einarbeiten. Mehl und Backpulver in einer weiteren Schüssel vermischen, über die Eiermasse sieben und unterheben. Die Zitronen waschen, abtrocknen, die Schale abreiben und den Saft auspressen. Beides unter den Teig rühren.
3. Ein Backblech mit Backpapier auslegen, wenn vorhanden, einen Backrahmen daraufstellen. Den Teig auf das Blech geben, glatt streichen und ca. 25 Minuten im Ofen backen. Stäbchenprobe nicht vergessen!
4. Für den Guss die Zitrone auspressen. Zitronensaft und Puderzucker in einer Schüssel glatt rühren und den noch lauwarmen Kuchen damit bestreichen.

Erdbeer-Sahne-Torte

ERGIBT: 1 SPRINGFORM (24 CM Ø) • ZUBEREITUNG: 45 MINUTEN • BACKZEIT: CA. 30 MINUTEN • KÜHLZEIT: 3 STUNDEN

ZUTATEN

BISKUIT:
6 Eier
240 g Zucker
270 g Weizenmehl
1 Pck. Backpulver

ERDBEERCREME:
500 g Quark (20 % Fett)
250 g Mascarpone
400 g Erdbeerkonfitüre ohne Stückchen
7 Pck. Sahnesteif
1 TL Vanilleextrakt
400 ml Schlagsahne
500 g frische Erdbeeren

AUSSERDEM:
250 g frische Erdbeeren zum Garnieren
50 g gehackte Pistazienkerne

1. Den Backofen auf 170 °C Ober-/Unterhitze (150 °C Umluft) vorheizen und eine Springform mit Backpapier auskleiden.
2. Für den Biskuit die Eier und den Zucker in eine Schüssel geben und 6 Minuten mit dem Handmixer schaumig aufschlagen. Mehl und Backpulver in einer weiteren Schüssel vermischen, über die Eimasse sieben und anschließend mit einem Teigschaber unterheben. Den Teig in die Springform füllen und ca. 30 Minuten im Ofen backen. Stäbchenprobe nicht vergessen!
3. Kuchen abkühlen lassen, aus der Form nehmen und anschließend 2-mal waagerecht durchschneiden.
4. Für die Erdbeercreme alle Zutaten bis auf die Schlagsahne und die Erdbeeren in einer Schüssel verrühren. Die Schlagsahne dazugeben und das Ganze mit dem Handmixer zu einer festen Creme aufschlagen.
5. Die Erdbeeren waschen entstielen und klein schneiden. ⅓ der Creme kalt stellen, die Erdbeeren unter die restliche Creme heben.
6. Den ersten Kuchenboden auf eine Tortenplatte setzen und mit einem Tortenring umschließen. Die Hälfte der Creme mit Erdbeerstückchen daraufstreichen, den zweiten Boden aufsetzen, die restliche Creme darauf verteilen und dann den letzten Boden aufsetzen. Die Torte mindestens 3 Stunden kühl stellen.
7. Nach der Kühlzeit den Tortenring entfernen, die Torte dünn mit der beiseite gestellten Creme einstreichen. Die restliche Creme in einen Spritzbeutel mit Sterntülle füllen und kleine Häufchen auf die Torte spritzen. Torte mit frischen Erdbeeren sowie gehackten Pistazienkernen garnieren. Bis zum Verzehr kühl stellen!

Knopperstorte

ERGIBT: 1 SPRINGFORM (26 CM Ø) • ZUBEREITUNG: 45 MINUTEN • BACKZEIT: 30 MINUTEN • KÜHLZEIT: 4 STUNDEN 10 MINUTEN

ZUTATEN

BISKUITTEIG:
6 Eier
240 g Zucker
220 g Weizenmehl
1 Pck. Backpulver
50 g gem. Haselnüsse

SCHOKO-HASELNUSS-CREME:
600 ml Schlagsahne
3 EL Zucker
3 EL Backkakao
3 Pck. Sahnesteif
3 Knoppers
100 g gehackte Haselnüsse

WEISSE CREME:
250 g Mascarpone
1 Tube gezuckerte Kondensmilch (170 g)
400 ml Schlagsahne
4 Pck. Sahnesteif

GANACHE:
100 ml Schlagsahne
100 g Zartbitterschokolade
100 g Vollmilchschokolade

AUSSERDEM:
200 ml Schlagsahne
1 Pck. Sahnesteif
gehackte Haselnüsse und Knoppers zum Garnieren

1. Den Backofen auf 170 °C Ober-/Unterhitze (150 °C Umluft) vorheizen und eine Springform mit Backpapier auskleiden.
2. Eier und Zucker in eine Schüssel geben und mit dem Handmixer 6 Minuten schaumig aufschlagen. Mehl, Backpulver und gemahlene Nüsse in einer weiteren Schüssel vermischen und auf die Eimasse sieben, anschließend mit einem Teigschaber unterheben.
3. Den Teig in die Springform füllen und ca. 30 Minuten im Ofen backen. Stäbchenprobe nicht vergessen!
4. Kuchen abkühlen lassen, aus der Form nehmen und anschließend einmal waagerecht durchschneiden.
5. Für die Schoko-Haselnuss-Creme Schlagsahne, Zucker, Backkakao und Sahnesteif in einer Schüssel mit dem Handmixer steif schlagen. Knoppers in einer Küchenmaschine fein mahlen und zusammen mit den gehackten Nüssen unterheben.
6. Für die weiße Creme den Mascarpone in einer Schüssel kurz mit der gezuckerten Kondensmilch verrühren. Schlagsahne und Sahnesteif zufügen und mit dem Handmixer cremig aufschlagen.
7. Den ersten Boden auf eine Tortenplatte setzen und mit einem Tortenring umschließen. Die Schoko-Haselnuss-Creme daraufstreichen, den zweiten Boden aufsetzen, die weiße Creme darauf verteilen und glatt streichen. Torte mindestens 4 Stunden in den Kühlschrank stellen.

8. Für die Ganache die Sahne in einem Topf erhitzen. Topf vom Herd nehmen. Die Schokolade klein hacken, zu der Sahne geben, kurz verrühren und ca. 5 Minuten bei geschlossenem Deckel schmelzen. Danach gut verrühren und kurz abkühlen lassen.

9. Den Tortenring entfernen. Mithilfe eines Löffels die Ganache an den Seiten der Torte etwas herunterfließen lassen, dann schnell auf der Tortenoberfläche verstreichen. Torte 10 Minuten kühl stellen.

10. Für die Garnitur die Schlagsahne mit dem Sahnesteif in eine Schüssel geben und steif schlagen. Sahne in einen Spritzbeutel mit Sterntülle füllen und Sahnehäufchen auf die Torte spritzen. Mit Knoppers sowie gehackten Haselnüssen garnieren. Sofort servieren oder bis zum Verzehr kühl stellen.

Biskuitrolle mit Heidelbeeren

ERGIBT: 12 STÜCK • ZUBEREITUNG: 30 MINUTEN • BACKZEIT: 8 MINUTEN • KÜHLZEIT: 2 STUNDEN

ZUTATEN

BISKUIT:

4 Eier
4 EL kaltes Wasser
160 g Zucker
160 g Weizenmehl
¼ TL Backpulver

CREME:

200 g Heidelbeeren
100 g weiße Schokolade
250 g Mascarpone
200 ml Schlagsahne
2 Pck. Sahnesteif

AUSSERDEM:

Zucker für das Geschirrtuch
200 ml Schlagsahne
1 Pck. Sahnesteif
50 g Heidelbeeren
Minzeblättchen zum Garnieren

1. Den Backofen auf 225 °C Ober-/Unterhitze (205 °C Umluft) vorheizen.
2. Für den Biskuit die Eier trennen, das Eiweiß mit dem kalten Wasser in eine Schüssel geben und mit dem Handmixer zu Eischnee schlagen. Den Zucker langsam einrieseln lassen und weiterrühren, bis die Masse glänzt. Das Eigelb vorsichtig untermischen, bis das Eigelb sich mit dem Eischnee verbunden hat. In einer weiteren Schüssel das Mehl und das Backpulver vermengen, dann über die Eimasse sieben und vorsichtig mit einem Teigschaber unterheben.
3. Ein Backblech (30 × 40 cm) mit Backpapier auslegen und den Teig gleichmäßig darauf verstreichen. Anschließend im Backofen 8 Minuten backen.
4. Ein Geschirrtuch auf die Arbeitsfläche legen und mit etwas Zucker bestreuen. Den fertigen Biskuitteig aus dem Ofen holen und auf das Geschirrtuch stürzen. Das Backpapier vorsichtig abziehen und den Biskuit mithilfe des Geschirrtuchs lose aufrollen. Auskühlen lassen.
5. Für die Creme die Heidelbeeren waschen. 100 g davon im Mixer fein pürieren. Die weiße Schokolade in einem Topf bei milder Hitze schmelzen, in eine Schüssel umfüllen und etwas abkühlen lassen. Den Mascarpone unterrühren. Schlagsahne und Sahnesteif zugeben und alles mit dem Handmixer cremig aufschlagen. Die restlichen Heidelbeeren unter die Creme heben.

6. Den Biskuit ausrollen, die Creme gleichmäßig darauf verstreichen und Teigplatte wieder eng aufrollen. Rolle auf eine Servierplatte legen und mindestens 2 Stunden kühl stellen.

7. Zum Garnieren die Schlagsahne mit dem Sahnesteif in eine Schüssel geben und mit dem Handmixer steif schlagen. Sahne in einen Spritzbeutel mit Sterntülle oder runder Tülle füllen. Die Biskuitrolle mit der Sahne, Heidelbeeren sowie Minzeblättchen garnieren, in 12 Stücke schneiden und servieren.

Tipp:

Du kannst auch alle Heidelbeeren im Ganzen unter die Creme heben und keine Beeren pürieren.

No-Bake-Hanuta-Torte

ERGIBT: 1 TORTE (22 CM Ø) • ZUBEREITUNG: CA. 25 MINUTEN •
KÜHLZEIT: 4 STUNDEN 30 MINUTEN

ZUTATEN

BODEN:
4 Hanuta
200 g Butterkekse
100 g gehackte Haselnüsse
150 g Butter

CREME:
500 g Mascarpone
2 EL Nutella
2 EL Backkakao
200 ml Schlagsahne
100 g gehackte Haselnüsse

AUSSERDEM:
2 EL Nutella
Mini-Hanuta und gehackte Haselnüsse zum Garnieren

1. Für den Boden Hanuta und Butterkekse in einer Küchenmaschine fein mahlen, in eine Schüssel umfüllen und mit den gehackten Haselnüssen vermischen. Die Butter in einem Topf schmelzen, zu der Mischung geben und verrühren.
2. Backpapier auf eine Tortenplatte legen und einen Tortenring (22 cm Ø) darauf platzieren. Die Keksmasse in den Tortenring geben, mit den Händen oder mit einem Glas fest andrücken und 30 Minuten kühl stellen.
3. Für die Creme Mascarpone, Nutella und Backkakao in eine Schüssel geben und kurz mit dem Handmixer verrühren. Die Schlagsahne zugeben und Masse cremig aufschlagen. Zu guter Letzt die gehackten Haselnüsse unterheben.
4. Die Creme auf dem Keksboden verteilen und glatt streichen. Torte mindestens 4 Stunden kühl stellen. Dann vorsichtig das Backpapier entfernen.
5. Nutella in einem Topf schmelzen und die Torte damit sowie mit Mini-Hanuta und gehackten Haselnüssen garnieren.

Käsekuchen wie vom Bäcker

ERGIBT: 1 SPRINGFORM (26 CM Ø) • ZUBEREITUNG: 20 MINUTEN • BACKZEIT: 1 STUNDE • KÜHLZEIT: 4 STUNDEN 30 MINUTEN

ZUTATEN

MÜRBETEIG:

1 Ei
200 g Weizenmehl
75 g Zucker
75 g Butter
1 TL Backpulver

BELAG:

200 ml Schlagsahne
4 Eier
150 g weiche Butter
250 g Zucker
1 Pck. Vanillepuddingpulver
1 EL Weizenmehl
1 TL Vanilleextrakt
500 g Mager- oder Speisequark
100 g Frischkäse Doppelrahmstufe
200 g Schmand

1. Den Backofen auf 180 °C Ober-/Unterhitze (160 °C Umluft) vorheizen und eine ofenfeste Schale mit Wasser auf den Ofenboden stellen. Das verhindert, dass der Käsekuchen beim Backen reißt. Die Springform mit Backpapier auskleiden.
2. Alle Teigzutaten in eine Schüssel geben und mit den Händen oder dem Handmixer schnell zu einem Mürbeteig verkneten. Die Springform damit auskleiden und denBoden mehrmals mit einer Gabel einstechen. Die Form bis zur Weiterverarbeitung in den Kühlschrank stellen.
3. Für den Belag die Schlagsahne in einer Schüssel mit dem Handmixer steif schlagen und zur Seite stellen. Eier, Butter, Zucker, Puddingpulver, Mehl und Vanilleextrakt in einer zweiten Schüssel gut verrühren. Quark, Frischkäse und Schmand untermischen und zum Schluss die geschlagene Sahne mit einem Teigschaber unterheben.
4. Den Belag auf den Mürbeteig geben und glatt streichen. Kuchen 1 Stunde im Ofen backen, dann den Ofen ausschalten und die Backofentür halb öffnen. Kuchen 30 Minuten im Ofen ruhen lassen, dann herausnehmen und ganz auskühlen lassen. Vor dem Servieren mindestens 4 Stunden in den Kühlschrank stellen.

No-Bake-Frischkäse-Torte

ERGIBT: 1 TORTE (22 CM Ø) • ZUBEREITUNG: 25 MINUTEN •
KÜHLZEIT: 4 STUNDEN 30 MINUTEN

ZUTATEN

KEKSBODEN:
200 g Löffelbiskuits
50 g ganze blanchierte Mandeln
125 g Butter

FRISCHKÄSEMASSE:
400 ml Schlagsahne
20 g Agartine (2 Beutel)
525 g Frischkäse Doppelrahmstufe
5 EL Zucker
1 TL Vanilleextrakt

FRUCHTSOSSE:
200 g Erdbeeren
200 g Himbeeren
3 EL Zucker

AUSSERDEM:
150 g Beeren (nach Belieben)

1. Für den Keksboden die Löffelbiskuits und die Mandeln im Mixer zerkleinern und dann in eine Schüssel umfüllen. Die Butter in einem Topf schmelzen, zu der Mischung geben und alles gut verrühren.
2. Backpapier auf eine Tortenplatte legen und einen Tortenring (22 cm Ø) darauf platzieren. Die Keksmasse in den Tortenring geben, mit den Händen oder mit einem Glas fest andrücken und 30 Minuten kühl stellen.
3. Für die Frischkäsemasse die Schlagsahne und die Agartine in einem Topf verrühren und 2 Minuten köcheln lassen. Sahnemischung in eine Schüssel umfüllen und mit Frischkäse, Zucker und Vanilleextrakt vermengen. Masse auf dem Keksboden verteilen. Die Torte mindestens 4 Stunden in den Kühlschrank stellen. Dann das Backpapier vorsichtig entfernen.
4. Für die Fruchtsoße die Erdbeeren und die Himbeeren vorsichtig waschen, entstielen und mit dem Zucker in einem Mixer pürieren.
5. Nach der Kühlzeit den Tortenring vorsichtig entfernen und die Torte mit der Fruchtsoße und Beeren nach Wahl garnieren.

GETRÄNKE

Zitronenlimonade

ERGIBT: 3 LITER/12 PORTIONEN • ZUBEREITUNG: 20 MINUTEN

ZUTATEN

4 Bio-Zitronen
500 ml lauwarmes Wasser
200 g Zucker
1 Prise Salz
2 ½ l kaltes Wasser

AUSSERDEM:
Eiswürfel
Zitronenscheiben und Minzeblättchen zum Garnieren

1. Die Zitronen waschen, abtrocknen und die Schale fein abreiben. Die Früchte auspressen.
2. Zitronensaft und -abrieb in einer Schüssel mit dem lauwarmen Wasser, Zucker und Salz verrühren, bis sich der Zucker komplett aufgelöst hat. Mischung 5 Minuten ziehen lassen und dann das kalte Wasser hineingeben und sehr gut verrühren.
3. Die Mischung durch ein Sieb in eine Karaffe abseihen. Eiswürfel hineingeben und mit Zitronenscheiben und frischen Minzeblättchen garnieren.

Pfirsicheistee

ERGIBT: 2 LITER/8 PORTIONEN • ZUBEREITUNG: 15 MINUTEN • KOCHZEIT: 20 MINUTEN • KÜHLZEIT: 2 STUNDEN

ZUTATEN

1 l kochendes Wasser
4 Beutel Schwarztee
4–5 Pfirsiche (ca. 500 g)
260 g Zucker
1 l Wasser
Saft von 1 Zitrone

AUSSERDEM:
Eiswürfel
Pfirsichscheiben und Minzeblättchen zum Garnieren

1. Das kochende Wasser in eine Kanne füllen, die Teebeutel hineinhängen und 5 Minuten ziehen lassen. Beutel herausnehmen und Tee abkühlen lassen.
2. Die Pfirsiche waschen, entkernen und klein schneiden. Mit dem Zucker und dem Wasser in einen Topf geben und auf höchster Stufe zum Kochen bringen. Sobald sich der Zucker aufgelöst hat, die Temperatur reduzieren und die Mischung 15 Minuten köcheln lassen. Durch ein Sieb in eine Kanne abgießen, mit dem Schwarztee sowie dem Saft der Zitrone vermischen und mindestens 2 Stunden kühl stellen.
3. Eiswürfel in den Eistee geben und mit Pfirsichscheiben sowie Minzeblättchen garnieren.

Frappuccino

ERGIBT: 1 PORTION • ZUBEREITUNG: 5 MINUTEN

ZUTATEN

150 ml Milch
10 Eiswürfel
60 ml Espresso
2 EL Soße oder Sirup (z. B. Schokolade, Karamell etc.)
2 Kugeln Vanilleeis

AUSSERDEM:
aufgeschlagene Schlagsahne
Schokoladensoße, Karamellsoße
Topping (nach Belieben, z. B. Schokoladenstreusel, Schoko-Karamelltröpfchen etc.)

1. Milch mit Eiswürfeln, Espresso, Soße oder Sirup und Vanilleeis in einem Mixer sehr cremig mixen.
2. In ein Glas füllen, mit aufgeschlagener Sahne, Soße und einem Topping nach Belieben garnieren.

Tipp:

Wenn du es schokoladig magst, kannst du 1 EL Backkakao mit in den Mixer geben oder das Vanilleeis durch Schokoladeneis ersetzen.

Ipanema-Cocktail

ERGIBT: 1 PORTION • ZUBEREITUNG: 5 MINUTEN

ZUTATEN

½ Bio-Limette
2–3 TL brauner Rohrzucker
6 EL Crushed Ice
1 Handvoll frische Minzeblätter
200 ml Ginger Ale
75 ml Maracujasaft

1. Die Limette waschen und vierteln. 2 Stücke in ein großes Glas geben, den Rohrzucker daraufstreuen und die Limette gut zerdrücken.
2. Das Crushed Ice einfüllen, die restlichen Limettenstücke und die gewaschenen Minzeblätter dazugeben und dann das Glas zuerst mit Ginger Ale, anschließend mit Maracujasaft befüllen.

Tipp:

Für ein besonders kräftiges Aroma kannst du auch das klein geschnittene Fruchtfleisch von ½ Maracuja mit in das Glas geben.

Raffaello-Milkshake

ERGIBT: 1 PORTION • ZUBEREITUNG: 5 MINUTEN

ZUTATEN

150 ml Milch
50 ml Schlagsahne
2 Kugeln Vanilleeis
3 Raffaello-Kugeln
2 EL Kokosraspel

AUSSERDEM:
geschlagene Sahne
Kokosraspel und 1 Raffaello-Kugel zum Garnieren

Alle Zutaten in einem Mixer cremig mixen. In ein hohes Glas füllen und mit geschlagener Sahne, Kokosraspeln und 1 Kugel Raffaello garnieren.

Oreo-Milkshake

ERGIBT: 1 PORTION • ZUBEREITUNG: 5 MINUTEN

ZUTATEN

200 ml Milch
2 Kugeln Vanilleeis
2 Oreo-Kekse

AUSSERDEM:
geschlagene Sahne
Oreo-Kekse und Schokoladensoße zum Garnieren

Alle Zutaten in einem Mixer cremig mixen. In ein hohes Glas füllen und mit geschlagener Sahne, Oreo-Keksen und Schokoladensoße garnieren.

ESRAS LIEBLINGS-ONE-POT-GERICHTE

Kartoffel-Brokkoli-Pfanne

ERGIBT: 4 PORTIONEN • ZUBEREITUNG: 15 MINUTEN • KOCHZEIT: 25 MINUTEN

ZUTATEN

5 mittelgroße festkochende Kartoffeln
500 g Brokkoli
500 ml Milch
200 ml Schlagsahne
2 EL Weizenmehl
1 EL Öl
1 EL Butter
2 TL Currypulver
1 TL edelsüßes Paprikapulver
1 TL Gemüsebrühepulver
1 TL getr. Basilikum
50 g geriebener Käse
Salz, Pfeffer

1. Kartoffeln schälen, waschen und in Würfel schneiden. Brokkoli waschen, putzen und in kleine Röschen teilen. Wasser in einem Topf zum Kochen bringen und die Kartoffeln darin in ca. 15 Minuten weich kochen. Brokkoli in den letzten 3 Minuten dazugeben und mitkochen.
2. Die Milch mit der Schlagsahne und dem Mehl in eine Schüssel geben und mit dem Schneebesen klumpenfrei verrühren. In einer Pfanne Öl und Butter auf höchster Stufe erhitzen. Die Milchmischung in die Pfanne geben. Die Gewürze und das Basilikum einrühren und Soße 3 Minuten köcheln lassen.
3. Die Kartoffeln und den Brokkoli in ein Sieb abgießen, in die Pfanne geben und kurz weiterköcheln lassen. Den Käse einrühren und Gericht mit Salz und Pfeffer abschmecken. Noch warm servieren.

https://m-vg.de/link/party-12

One-Pot-Nudeln mit Lachs und Spinat

ERGIBT: 4–5 PORTIONEN • ZUBEREITUNG: 10 MINUTEN • KOCHZEIT: 15 MINUTEN

ZUTATEN

500 g Lachsfilet
200 g Kirschtomaten
1 Zwiebel
1 Knoblauchzehe
200 g Babyspinat
500 g Nudeln
400 ml Schlagsahne
ca. 800 ml Wasser
2 EL Öl
1 TL Gemüsebrühepulver
1 TL Paprikaflocken oder edelsüßes Paprikapulver
Salz, Pfeffer

1. Lachsfilet in mundgerechte Würfel schneiden. Kirschtomaten waschen und halbieren. Zwiebel und Knoblauchzehe schälen, die Zwiebel klein würfeln und den Knoblauch auf einen Teller pressen. Babyspinat waschen.

2. Alle Zutaten in einen Topf geben und auf höchster Stufe zum Kochen bringen. Dann die Temperatur auf mittlere Stufe reduzieren und den Topfinhalt einmal gut durchrühren.

3. Nach ca. 5 Minuten erneut umrühren und weiterköcheln lassen, bis die Nudeln bissfest sind (das sollte je nach Nudelsorte insgesamt 13–15 Minuten dauern). Falls der Eintopf zu trocken erscheint, noch etwas Wasser hinzufügen

4. Eintopf noch warm servieren.

Gnocchi in cremiger Tomaten-Sahne-Soße

ERGIBT: 4 PORTIONEN • ZUBEREITUNG: 10 MINUTEN • KOCHZEIT: 10 MINUTEN

ZUTATEN

1 EL Olivenöl
1 Knoblauchzehe
2 EL Tomatenmark
50 ml Wasser
200 ml Schlagsahne
2 EL Frischkäse oder Crème fraîche
200 g Kirschtomaten
1 Handvoll Petersilie
1 Handvoll Basilikum
1 TL edelsüßes Paprikapulver
½ TL Paprikaflocken
1 TL Gemüsebrühepulver
Salz, Pfeffer
600 g Gnocchi (aus dem Kühlregal)

AUSSERDEM:
Kirschtomaten und Basilikum zum Garnieren

1. In einer großen Pfanne das Öl auf mittlerer Stufe erhitzen. Den Knoblauch schälen, in die Pfanne pressen und anbraten. Tomatenmark einrühren und kurz mitbraten, dann mit dem Wasser ablöschen. Schlagsahne sowie Frischkäse oder Crème fraîche unterrühren und alles ca. 3 Minuten köcheln lassen.
2. Die Kirschtomaten waschen und halbieren. Die Petersilie und das Basilikum waschen, trocken schütteln und fein hacken. Tomaten, Kräuter und Gewürze in die Pfanne geben und verrühren. Zum Schluss die Gnocchi unterheben und ca. 2 Minuten köcheln lassen. Gericht mit Salz und Pfeffer abschmecken und dann mit gewaschenen Kirschtomaten und Basilikumblättern garnieren.

Tipp:

Du kannst das Gericht auch mit frischen Champignons, Hähnchenbrust, Paprika oder Spinat aufpeppen. Mit frischem Rucola schmeckt das Ganze auch sehr lecker.

https://m-vg.de/link/party-13

LE CREUSET

Sulu Köfte

ERGIBT: 4–5 PORTIONEN • ZUBEREITUNG: 30 MINUTEN • KOCHZEIT: 40 MINUTEN

ZUTATEN

KÖFTE:
250 g Rinderhackfleisch
3 EL feiner Bulgur
2 EL Öl
½ TL getr. Petersilie
½ TL edelsüßes Paprikapulver
½ TL Paprikaflocken
½ TL Salz
etwas Pfeffer

EINTOPF:
4 mittelgroße festkochende Kartoffeln
1 Zwiebel
1 Handvoll Petersilie
3 EL Öl
2 EL Tomatenmark
ca. 1–1 ½ l Wasser
Salz, Pfeffer

AUSSERDEM:
3 EL Weizenmehl zum Wälzen

1. Alle Zutaten für die Köfte in einer Schüssel mit den Händen gut verkneten. Aus der Masse kleine Bällchen formen und diese dann in Mehl wälzen.
2. Kartoffeln und Zwiebel schälen. Die Kartoffeln in kleine Würfel schneiden und die Zwiebel fein hacken. Petersilie waschen, trocken schütteln und hacken.
3. In einem Topf das Öl auf höchster Stufe erhitzen, die Zwiebel darin glasig dünsten, dann die Kartoffeln zugeben und kurz mitbraten. Das Tomatenmark einrühren und 2 Minuten mitbraten. Mit dem Wasser ablöschen und Salz und Pfeffer zugeben. Wasser zum Kochen bringen. Sobald das Wasser zu kochen beginnt, die Köfte hineingeben und die Temperatur auf mittlere Stufe reduzieren. Köfte 25–30 Minuten köcheln lassen, zum Schluss die Petersilie unterrühren und dann den Eintopf warm servieren.

https://m-vg.de/link/party-14

Cremige One-Pot-Nudeln mit Hähnchen

ERGIBT: 4–5 PORTIONEN • ZUBEREITUNG: 10 MINUTEN • KOCHZEIT: 13–15 MINUTEN

ZUTATEN

700 g Hähnchenbrust
1 Zwiebel
400 ml Schlagsahne
2 EL Weizenmehl
500 g Nudeln
850 ml Wasser
3 EL Olivenöl
1 EL Butter
2 EL geriebener Käse
2 EL Frischkäse
1 EL getr. Petersilie
1 EL Gemüsebrühepulver
Salz, Pfeffer

1. Die Hähnchenbrust klein würfeln. Die Zwiebel schälen und ebenfalls in kleine Würfel schneiden. Beides in einen großen Topf geben.

2. Die Schlagsahne und das Mehl in einer Schüssel mit einem Schneebesen klumpenfrei verrühren. Mit den restlichen Zutaten in den Topf geben, kurz vermischen und den Herd auf höchste Stufe stellen. Sobald das Wasser zu kochen beginnt, die Temperatur auf mittlere Stufe reduzieren und den Topfinhalt einmal gut durchrühren. Nach ca. 5 Minuten erneut umrühren und weiterköcheln lassen, bis die Nudeln bissfest sind (das sollte je nach Nudelsorte insgesamt 13–15 Minuten dauern). Falls der Eintopf zu trocken erscheint, noch etwas Wasser hinzufügen. Eintopf noch warm servieren.

Bibliografische Information der Deutschen Nationalbibliothek
Die Deutsche Nationalbibliothek verzeichnet diese Publikation in der Deutschen Nationalbibliografie. Detaillierte bibliografische Daten sind im Internet über http://dnb.d-nb.de abrufbar.

Für Fragen und Anregungen
info@rivaverlag.de

Wichtiger Hinweis
Ausschließlich zum Zweck der besseren Lesbarkeit wurde auf eine genderspezifische Schreibweise sowie eine Mehrfachbezeichnung verzichtet. Alle personenbezogenen Bezeichnungen sind somit geschlechtsneutral zu verstehen.

Originalausgabe
2. Auflage 2022

Türkenstraße 89
80799 München
Tel.: 089 651285-0
Fax: 089 652096

Besonderer Dank geht an den MEDA Küchenfachmarkt in Köln, in dem wir unser Covershooting umsetzen durften.

Redaktion: Caroline Kazianka
Umschlaggestaltung: Manuela Amode

Bildnachweis:

Umschlag: Cover Sascha Koglin, Rückseite Stephanie Just
Sascha Koglin: S. 4, 54, 82, 86
Esra Yeşiltaş: S. 5 unten links, 21, 26, 27, 30, 31, 55, 76, 77, 85, 95, 99, 106, 107, 112, 113, 116, 124, 125, 135, 136, 140, 141, 143, 144, 149, 150, 151, 154, 155, 168
Stephanie Just: S. 5, 6, 7, 12, 13, 16, 17, 18, 23, 25, 28, 32, 33, 35, 36, 38, 40, 43, 44, 45, 47, 48, 51, 52, 58, 59, 60, 61, 65, 66, 69, 70, 72, 73, 81, 89, 90, 93, 96, 100, 101, 103, 104, 109, 110, 115, 118, 119, 121, 122, 127, 128, 131, 132, 133, 139, 147, 152, 153, 157, 158, 161, 162, 164, 165, 167, 171, 172, 175
Satz: inpunkt[w]o, Haiger (www.inpunktwo.de)
Druck: Firmengruppe APPL, aprinta Druck, Wemding
Printed in Germany

ISBN Print 978-3-7423-2056-8
ISBN E-Book (PDF) 978-3-7453-1818-0
ISBN E-Book (EPUB, Mobi) 978-3-7453-1819-7

Wir produzieren nachhaltig
www.m-vg.de

Weitere Informationen zum Verlag finden Sie unter
www.rivaverlag.de
Beachten Sie auch unsere weiteren Verlage unter www.m-vg.de